Fritz Fenzl

Der Teufelstritt

FRITZ FENZL

DER TEUFELSTRITT

Magische Geschichten und Rundgänge zu Sagenorten in München

stiebner

Weitere Information zum Thema auf den Webseiten des Autors:
www.magische-kraftorte.de
www.magisches-muenchen.de

Umschlagabbildung: Oliver Raupach, 2006, Creative Commons CC-BY-SA-2.5

Layout: Kommunikation & Design, Andrea Pfeifer

Bibliografische Information
Der Deutschen Bibliothek
Die Deutsche Bibliothek verzeichnet diese Publikation in der Deutschen Nationalbibliografie; detaillierte bibliografische Daten sind im Internet über http://dnb.ddb.de abrufbar.

www.stiebner.com
ISBN 978-3-8307-1040-0

Printed in Germany

Inhalt

Vorwort

Wem fiele zum Thema »Münchner Stadtsagen« nicht gleich der Teufelstritt ein im Dom zu Unserer Lieben Frau, wer dächte nicht bald an »irgendwelche Pestgeschichten« im Zusammenhang mit dem Schäfflertanz, und wer finge nicht an zu grübeln, wo der »Stein der Residenz« mit einem Herzog Christoph zusammenhängen soll?

Aber wie war das doch gleich alles? Und wie hängt das mit dem faszinierenden Wissen über Kraftorte zusammen?

Der vorliegende Band soll in bewusst erzählender Manier die bestehende und lange nicht erneuerte Literatur zusammenfassen und, eben wie es einer Sage gebührt, nach-sagen, also erzählen, und das in der Sprache unserer Zeit.

Das möge ebenso zum Vorlesen anregen oder gar Nacherzählen. Darüber hinaus aber will die Sammlung den Leser auffordern, dass er den Ort des Geschehens, den »Sitz im Leben« sozusagen, richtig begeht und anschaut.

Daher sind bewusst jene Sagen ausgewählt, an deren zumeist historischem Kern ein handfestes »Beweisstück« – eben am richtigen Platz – auch heute noch erinnert. Als solcher Beweis darf hier alles dienen, was »anschaulich« zu nennen ist. Ein verbindliches Ding sagt mehr als tausend Worte.

Ist doch die Sage, so wie das Märchen, eine komprimierte Wirklichkeit, sie gibt tatsächlich Geschehenes wieder, vornehmlich dessen merk-würdigen Aspekt, den Kern der Dinge also, der es wert ist, dass man ihn sich merkt. Zu suchen und zu finden ist, was als Kern der Erlebniswelt hinter der Buntheit und dem oft tollen Aktionismus der Sagenwelt stecken mag. Denn diese kunterbunte Vielfalt der Erlebnis-Kausalität, wie sie in der Volks-, Natur-, Helden- und Göttersage uns begegnet und ebenso in der Legende, sie kristallisiert sich bei näherer Betrachtung mehr und mehr heraus als eine höhere Notwendigkeit, eine Bestimmung gar und Determination, in der die Agierenden so handeln müssen und gar nicht anders können, wie es eine ihnen inne wohnende Gesetzmäßigkeit vorschreibt, und sie damit zu Akteuren auf der jahrtausendelang spielenden Bühne des wuchtigen Weltentheaters macht.

Das Thema möge bewusst »über München hinaus« reichen; beliebte Freizeitziele der Münchner, die zum Erwandern und Neuerleben einer anschaulichen Sage einladen, sind ergänzend mit aufgenommen, so etwa Maria Eich bei Planegg im Würmtal oder Irrlichter im Erdinger Moos, das inzwischen durch den Großflughafen sehr nahe an München »herangerückt« ist.

Sagen spielen alle an magischen Orten. Nicht umsonst spricht man von der Orts-Sage.

Aber auch Ereignis-Sagen und historische Sagen sind immer an Orte (oder Wege) gebunden.

Es lohnt sich, die in der Sage erwählten Orte zu besuchen. In jedem Falle ist hier eine spürbare Schwingung wahr-nehmbar, – sei diese nun gut oder schlecht.

Alles in der Natur schwingt, gehorcht einem natürlichen Hin und Her. Dies ist eines der hermetischen Gesetze: Und in der Sage »schwingt« diese höhere Wirklichkeit stets mit!

Sagen lassen sich spüren, lassen sich er-spüren, sie sind somit sinnlich wahrnehmbar.

Seien es elektromagnetische Aufladungen, unerlöste Seelen, – oder aber gar handfeste Magie! – Alles ist und bleibt deutlich spürbar an geweihten Stätten, an Orten der Heilung, – oder aber Orten der Verderbnis.

Die Sage legt tiefste Geheimnisse der Menschheit bloß!

Sagen sind aktuell wie nie. Sagen bewahren uraltes Einweihungswissen, konservieren und aktivieren Strukturen des Unbewussten der gesamten Menschheit: Sagen benennen Überlebensplätze und auch Plätze des Verderbens.

Ohne das geheime Wissen, das durch die Sage aus uralter Zeit zu uns herüberweht, Raum und Zeit überwindend, – kommen wir nicht mehr weiter.

Eine gute Zukunft !

Der Autor, am 31. Januar 2007

Erst einmal die Kette durchbeißen!

Die eiserne Kette um München herum

Wie einem bald auffallen wird, führt dieses Buch gerne zu diesem und jenem magischen Ort, der an die Sage erinnert, es geleitet zu irgendeinem Bauwerk, einem Brunnen..., vor dem man dann stehen kann, sich gescheit mit dem Finger an die Stirn tippt und zu den lieben Begleitern sagt: »Soso. Aha. Ja da schau her.« Sodann hat man seine gebildete Pflicht und Schuldigkeit getan, darf das Buch zuklappen und sich ins nächste Wirtshaus begeben.
Erstmal aber haben wir es mit einer zauberwirksamen Kette zu tun, die um das »ursprüngliche München« herum gespannt ist. Oder, sagenhaft
schwer, davor liegt.
»Ja was denn«, wird so mancher ausrufen, »...diese Kette gibt es einfach nicht!«

So ist es auch. Man kann so lange außen um die Stadt herumlaufen, wie man will. Man findet einen »Innen oder Altstadt«-, einen »Mittleren« und gar einen »Äußeren« Ring, ein jeder von diesen stinkt mehr als der andere, aber eine Kette kann man lange suchen.

Es gibt sie aber. In der Sage und im Herzen! Wollen wir sehen:

Zunächst erzählt uns die Sage, dass in früheren Zeiten die Kinder und überhaupt die Leichtgläubigen »von draußen«, vom Lande also oder von anderswoher, wenn sie nach München herein haben wollen, gesagt bekamen:

»Nach München? Da darfst du aber sauber zur heiligen Apollonia beten.«

Der Angesprochene hat dies dann recht gut verstan-

Wer nach München herein will, der muß erst die schwere eiserne Kette durchbeissen: Das heißt, er muss lernen, die Stadt mit dem Herzen zu sehen!

den. Denn in Zeiten (das ist noch gar nicht so lange her), in denen ein ordentlicher Mensch genau gewusst hat, wo jeder Heilige hingehört, wie er zu Tode gefoltert worden ist und für welches Wehwehchen er also zu helfen vermag, da war bei dem Namen Apollonia ganz klar: Zähne!

Und so war's auch gemeint, denn man hat den Kindern gesagt, sie müssten »eine Kette durchbeißen«, wenn sie denn nach München herein wollten. Da haben die nicht wenig Angst gehabt vor der großen, fremden Stadt. Meiner Oma selbst ist es noch so ergangen, die hat bei den Bauern gewohnt und ist lange schon tot.

»Die Kette«, das ist natürlich ein aussagekräftiges Symbol, wie sich das für eine g'scheite Sage so gehört. Denn von einem ordentlichen Kerl, der nach München herein wollte, hat man schon erwarten dürfen, dass er Manns genug ist, den Kraftakt zu tun. Er hat sich »durch etwas durchbeißen müssen«, sich die Stadt sozusagen erst mal verdienen, erarbeiten und, vor allem: mit dem Herzen erschließen müssen*.

Wenn man sich nun einmal mit dem Finger ans Herz tippt, dann findet man vielleicht die Kette!

Wenn nicht, dann muss man halt noch eine Zeitlang danach suchen, dann ist einer »im Herzen« noch kein rechter Münchner, wenn er auch noch so angestrengt so tut.

Es ist erstaunlich, was Max Rohrer in einem Buch vom Jahre 1949 schreibt, also kurz nach Kriegsende, als es noch recht lange hin war zur Olympiade, der U-Bahn, dem Großflughafen, der »Szene München« und all dem modischen Schnickschnack, der uns mit »Münchnern« segnet, die von der Kette nichts wissen und selbst wie eine Kette aus Kletten das Stadtbild verkitten:

»Aber wann sie in den Straßen und den Ausstellungen und den ›Bräus‹, wie sie sagen, eine Weil umeinander spekulieren, oder gar wann sie sich in der Stadt heimisch einnisten wollen, da merken dann die mehreren doch, dass zwischen ihnen und dem wirklichen München eine eiserne Kette ist, die durchbissen sein will. Das sind aber die Bessern und Gescheitern unter den Zugereisten; die ganz Siebengescheiten meinen nämlich, dass sie mitten darinnen sind, und spannen durchaus nichts von einer Kette.«**

Übrigens ist es eine magische Kette, die München umgibt: Ein zauberwirksamer Kreis, dem keiner sich entziehen kann ...

*Ganz schön viel Menschen, die aus einer Notlage heraus in der Stadt ihr Glück gesucht haben, die mussten sich tatsächlich sauber durchbeißen! Das ist heute nicht anders.

**Max Rohrer, Alt-Münchner Geschichten, München 1949, S. 8.

Von Geistern, Gespenstern und spukhaften Erscheinungen

Der Schlafhaubenkramer

Wer den Liebfrauendom, das Wahrzeichen unserer Stadt München, besucht, der möge nicht nur den Teufelstritt unter der Orgelempore besichtigen und die grimmigen Winde des Teufels um die Ecken pfeifen hören, sondern auch daran denken, dass hier vor Zeiten ein Friedhof bestand, der »Frauenfreithof«, so wie er in alten Büchern genannt wird.
Darüber nun gibt es eine der lebendigsten und schaurigsten Sagen, die unsere Stadt zu bieten hat. Das ist die Sage vom »Schlafhaubenkramer«.

»Vor hundert und etlichen Jahren...«, wie wundersam doch altehrwürdige Überlieferungen sich auszudrücken vermögen! Also, sagen wir: Es war einmal, damals, als der alte Frauenfreithof noch bestand.

Dieser Ort galt damals als ganz und gar nicht geheuer, und jedermann mied die Stätte des Grauens. Die Stelle war so sehr verschrien, dass die schauerlichsten Spukgeschichten darüber in der Stadt herumerzählt wurden.

Eine davon ist die, dass ein Geist mit einer weißen Schlafhaube (so etwas trug man damals, wenn man zu Bette ging) den Friedhof beherrscht und unsicher gemacht haben soll:

Man muss wissen, in der Weinstraße, gegenüber dem alten Polizeigebäude, gab es damals einen Kramladen. Der Krämer, dem dieses Geschäft gehörte, der war in etwa das, was man heute einen »Gschaftlhuber« nennen würde. Immer und überall, wenn es g'schaftig etwas auszutragen galt, dann musste dieser Mensch mit der eingebauten inneren Unruhe mit dabei sein.

Der Krämer war, sobald er in seinem Geschäft stand, ein tüchtiger, geflissentlicher Kaufmann, nicht weniger tüchtig und pünktlich aber eilte er nach Ladenschluss zu

Als der Kramer dann endlich das Gespenst auf dem gottverlassenen Friedhof erblickte, da rannte er um sein Leben.

seinen Trinkspezln, mit denen zusammen er beim Wirt tüchtig dem Biere zusprach. Und was dabei herauskommt, das weiß man ja.

Bald wurde die Runde immer lustiger und ausgelassener, man darf ruhig sagen: blöder im Denken, und bald, wenn der Geist vernebelt ist, sieht man Gespenster und redet von ebensolchen.

»Ich sage euch: Das Gespenst mit der weißen Schlafhaube soll wieder auf dem Friedhof umtriebig geworden sein...!« so sprach einer.

Den anderen gruselte, ihnen gefror das Lachen am Bierglas, denn der »Freithof« war ja nicht weit weg, und Gespenster gab es zu der Zeit tatsächlich.

(Es gibt sie, übrigens, auch heute noch, nur wird nicht mehr so viel davon geredet, denn wir sind ja, ach, so gescheit geworden in unserer sogenannten »aufgeklärten Neuzeit«.)

Nun denn. Den Trinkkumpanen schauderte, der Kramer von der Weinstraße aber, der riss sein Maul noch weiter auf, als man es eh schon von ihm gewohnt sein durfte. Um diese Zeit halt! Die Zeiger der Uhr standen kurz vor Mitternacht.

»So ein Geist käme mir gerade recht«, höhnte er, »der soll nur hergehen. Ich werde es ihm schon zeigen.«

»Geh doch du zu ihm!« so ein anderer.

»Ich geh schon«, prahlte der Kramer. Und damit stand er im Wort.

Er nahm Hut, Stock und Laterne und eilte zum Friedhof, der in unheildrohender Dunkelheit lag. Nicht einmal der Mond schien, und das Friedhofstor knarzte gotterbärmlich.

Er schritt über den Kies, stolperte über Gräber, stieß sich an einem Stein und verfluchte seine Angeberei und die Lage, in die er sich gebracht hatte.

Da! Etwas Weißes!

Das Gespenst. Ein hagerer weißer Kerl, der ihn anstarrte. Der Kramer lief hin und schlug dem untoten Wesen mitten ins Gesicht. Die Schlafhaube kullerte zu Boden.

Das hätte er nicht tun sollen! Jetzt hieß es Reißaus nehmen. Er vorneweg, der Geist hinterher. Der Vordere rannte jetzt um sein Leben. Doch sein Verfolger blieb ihm auf den Fersen, durch Straßen und Gässchen und Tore, treppauf, treppab..., und noch bis vor das Haus, in dem der Kramer wohnte.

Im allerletzten Augenblick schlüpfte er durch die Tür und verriegelte von innen, rannte die Treppe hoch...

... doch er spürte, dass das Gespenst weiterhin dicht bei ihm blieb. Denn es kletterte außen die Fassade hoch. Zur Tür konnte es nicht herein, denn diese war mit drei Kreuzen bezeichnet. Der Kramer gelangte schweißgebadet in sein Zimmer. Und etwas Weißes schaut schon zum Fenster herein!

Da wirft er dem aufgebrachten Zwischenwesen, das tot ist und doch nicht ruhen kann, ein Bildnis der Muttergottes von Altötting entgegen.

Weg ist der Geist.

Das war zuviel der Aufregung. Der Kramer, halbtot, verfiel in einen tiefen Schlaf, der einige Tage gedauert haben mag (heute würden wir sagen: Heilschlaf), und als er wieder erwachte, da hing sogar das Madonnenbild ruhig an seinem Nagel an der Wand.

Sicherlich hat sich alles ganz genau so zugetragen, wie soeben berichtet. Zumindest in des »Schlafhaubenkramers« verwirrtem Geist war alles so.

Und einen Spitznamen hatte er auch weg für sein Lebtag.

Das Gespenst hat man nie mehr gesehen, vielleicht, wenn es wirklich eins war, ist es wohl durch die wuchtige Watsch'n des Altmünchner Originals von einem jahrhundertealten Fluch erlöst worden. Und muss nun nicht mehr umgehen.

Vielleicht.

Das Fausttürmlein und der Raubritter

Steht man am Sendlinger-Tor-Platz, sollte man es nicht versäumen, das Sendlinger Tor und sein dunkles altes Mauerwerk zu betrachten. In der Phantasie fällt es nun gar nicht so schwer, das efeuumrankte Gemäuer zu erweitern, bis es die ehemaligen Ausmasse, die es in Zeiten des Mittelalters hatte, wieder erreicht, und vor seinem inneren Auge die »innere Stadtringmauer« erneut entstehen zu lassen.
Inmitten dieser alten Stadtringmauer, unfern vom Sendlinger Tore – da stand dereinst ein Türmchen mit einer drohenden Faust auf der Dachspitze. Damit hatte es die folgende nachtfinstere Bewandtnis:

Dereinst, als die Menschen noch an den Teufel glaubten, der Alchimie Glauben schenkten und öffentliche Hinrichtungen ein rechtes Volksspektakel waren, da hat ein Raubritter, dessen Namen allerdings nicht überliefert ist, der Stadt München »Fehde angekündigt«, wie das in altehrwürdigen Büchern so genannt wird.

Man darf sich das aber nicht wie eine offene Kriegserklärung vorstellen, weil der nun folgende Fortgang der Geschichte zeigen wird, dass in der Verfahrensweise des unedlen Raubritters von »offen« in keiner Weise die Rede sein kann.

Wir wollen innehalten und ein Wort über Raubritter verlieren. Dieser erst durch spätere Abenteuerromane zu Ehren gekommene Ritter hatte es wohl nicht leicht zu Lebzeiten, sonst nämlich hätten die Herren Raubritter ganz sicherlich nicht die immer schon anrüchige Lebens- und Existenzform »Raubritter« als die Ihrige erkoren.

Vielmehr ist das Raubrittertum ein sicheres Zeichen für den Niedergang des »klassischen« Rittertums mit all seinen edlen Tugenden: manheit, zuht, mâze, milte, güete, êre, staete.

Überhaupt Beständigkeit! Denn beständig ging es mit dem Tugendkatalog bergab, und ab der Mitte des 13.Jahrhunderts hatten es die Ritter, die König Artus noch an seinen runden Tisch gebeten hätte, wahrlich schwer! Denn damals kam das merkantile Bürgertum zu Ehren und Reichtum. Siehe: Alter Adel war schon damals nicht mehr das, was er einmal gewesen!

Man darf sagen, dass mit dem Raubrittertum die Neuzeit beginnt, zumindest aber unsere geliebte freie Marktwirtschaft.

Nun denn. Der Raubritter von damals, um den es hier in unserer Schauersage geht, der war sogar noch etwas moderner, denn er lieferte der Stadt den allerersten Bestechungsskandal.

Weil nämlich er mit einem Ratsherren gegen hohen Lohn ein heimliches Bündnis einging, dass dieser Ratsherr ihm zu einer bestimmten und ausgemachten Zeit eines der

Wenn eine unschuldige arme Seele hingerichtet wurde, dann stand über dem Falltürmchen und dem Scharfrichterhaus ein feuerroter Lichtschein... (Aquarell von 1874)

wuchtigen Tore der Stadtmauer auftun würde. Alsdann wollte der strategisch gewitzte Raubritter die Stadt überfallen und »mit Brand anstoßen«.

Aber! Gottlob! Die verräterische Tat ward rechtzeitig entdeckt und der enttarnte Ratsherr lebendig in eben diesen Faustturm eingemauert.

Elendiglich musste er im finstersten Verliese, unentrinnbar seinem Ende entgegensehend, verhungern und verdursten, wenn nicht ein gnädiger Wahnsinn, eine durch Auszehrung einsetzende Umnachtung der Sinne seinem bewussten Ende und Endleiden einen milderen Schlusspunkt gesetzt haben möge.

So schändlich die Tat des hinterlistigen Verrates wider die Stadt München gewesen ist, so grausam und unmenschlich war der Tod im kaltfinsteren Verliese.

Und zur Warnung an alle Verräter wurde daraufhin eine drohende Faust auf die Spitze des Turmes gesetzt, die für alle Vorübergehenden als grausige Mahnung da oben prangte.

Möge der Liebe Gott des im Turme verdorrten Ratsherren gnädig sein.

Das Fausttürmlein, das rote Licht und der Spuk der unschuldig Hingerichteten

Alle, die immer noch am Sendlinger-Tor-Platz stehen und denen das Fausttürmchen partout nicht aus der Phantasie verschwindet, mögen sich die Zeit der grausigen Hinrichtungen im Mittelalter vergegenwärtigen und daran denken, dass immer, wenn das Blutgericht auftritt, auch Unschuldige dran glauben müssen. So war es auch damals. Aber dann hat es hier in dieser Gegend, die zu einem »besetzten Ort« wurde, sauber gespukt...

Nun hat es mit diesem Fausttürmlein aber noch eine ganz besondere Bewandtnis gehabt, die nicht weniger schauerlich zu nennen wäre:

Denn damals existierte das Scharfgericht, und wie schon das obige Schicksal des durch Gerichtsbeschluss eingemauerten Ratsherren zeigt, war man mit derlei Urteilen damals nicht gerade zimperlich oder zurückhaltend.

Da kam es dann schon das eine oder andere Mal vor, dass die Richter sich in ihrem Urteilsspruch irrten.

Nun denke keinesfalls, lieber mitfühlender Leser, dass dieser Irrtum allen miteinander nicht ganz besonders leid getan hätte; für eine Begnadigung war es dann halt ein für allemal zu spät. Denn der Betroffene hing unschuldig am Strick, er ward unschuldig einen Kopf kürzer gemacht oder unschuldig eingemauert. (Unser verräterischer Ratsherr, der hat sozusagen noch Glück gehabt, denn er musste wenigstens verdientermaßen den Tod erleiden!)

Musste aber ein ganz und gar Unschuldiger dran glauben, dann war zwar sein Gewissen heil (solange er noch lebte), und sein ewiges Leben war ebenfalls zum Guten hin gerettet. Für sein irdisches Dasein jedoch war dies ein sogenannter irreversibler Schaden.

Immer aber, wenn solcher Justizirrtum passierte, zeigte sich das ganze Grauen des Geschehens in folgender Szene:

Denn dann erglomm in der darauffolgenden Nacht das Fausttürmlein in blutrotem Lichte, und zugleich tat es drei schwere gewaltige Schläge, von dumpfer todbringender Wucht, die das entsetzliche Niedersausen des Schwertes auf dem Richtblock wiedergaben. Dies dreimalige Pochen geschah an der Tür des Scharfrichterhauses, das früher innerhalb der Stadtmauer auf einem kleinen Platz, der sich unter dem gruseligen Turmbauwerk öffnete, lag.

Der Scharfrichter, also von Gespensterhand aus dem Bette geholt, eilte gleich zur Türe, um diese tüchtig abzusperren, wusste er doch seit Urgroßvaters Zeiten nur zu genau, was der ernste Spuk zu bedeuten habe!

Zugleich fragte der Henker durch die geschlossene Türe nach draußen, wer denn da klopfe?

Dann kniete er nieder und betete mit lauter Stimme ein Vaterunser und ein Ave Maria ums andere, so lange, bis es ein Uhr von der inneren Stadt herüberschlug und die Geisterstunde, wie das so üblich ist, endlich beendet schien. Das alles mag an dunkle Einweihungen erinnern. Vielleicht ist es auch so?

Mit dem Vorüberziehen der Geisterstunde war auch das rote Licht verschwunden, der Scharfrichter versuchte nun zu schlafen, was ihm natürlich nach dem zuvor Erlebten nicht gelang.

Gleich am Morgen eilte er nun zum Rat der Stadt, zeigte an, was geschehen, und sogleich begab sich die Münchner Bevölkerung in Kirchen und Kapellen und betete inständig für die ungerecht hingerichtete arme Seele.

Denn nichts anderes hatte der Spuk zu bedeuten, als

dass ein Unschuldiger von Henkershand vom Leben zum Tode befördert worden.

Das kam leider immer wieder vor.

Einmal erwischte es den Goldschmied vom Schönen Turm (Man findet die Sage auch in dieser Sammlung), ein andermal musste eine bildhübsche junge Dienstmagd, die ihr Stüblein »zuhöchst« in einem Hause unweit der Dienergasse hatte, unschuldig dran glauben.

In diesen beiden Fällen waren eine Dohle und ein Rabe »die Schuldigen«, denn diese schwarzen Galgenvögel hatten glitzernden Schmuck »von oben«, also aus der Luft und durch offene Fenster, fort genommen.

Als man dies merkte, da konnte man die enthaupteten Opfer aber auch nicht wieder zum Leben erwecken. Was mit den »wahrhaft Schuldigen«, den beiden Vögeln geschah, das weiß keiner. Wahrscheinlich sind sie eines ganz natürlichen Todes gestorben, und nicht einmal das Gewissen hat die gefiederten Freunde sonderlich geplagt.

Wie auch?

Die Isar-Nixe war ein hochmütiges Fräulein von der Burg Grünwald!

Oder:

Das Isar-Ufer hatte schon immer etwas Magisches an sich.

Die folgende Geschichte soll den Leser, zu einem Spaziergange an der Isar verführen. (»Verführen« ist hier genau das richtige Wort, wie man bald sehen wird!) Zwischen Harlaching und Thalkirchen mag das sein, am besten beginnt man an der Marienklause nahe dem Tierpark Hellabrunn, denn hier waren, noch zu Beginn des letzten Jahrhunderts, verschiedene Marterl aufgestellt, die an den Tod zahlreicher Flößer in den Stromschnellen der Isar erinnerten.
Und schuld war stets eine Nixe, die mit ihrem lockenden Ruf die Vernunft und den Orientierungssinn der Männer in jeder Hinsicht aus dem Lot gebracht hat.
Also, das war so:

Dereinst, da lebte auf der Burg Grünwald – es war just die Zeit, als noch die »Geister von densölben / Nachts in den Gewölben...« spukten – ein ganz wunderschönes Burgfräulein.

Allerdings sollte man sich nicht allzu schnell in die hier geschilderte Person verlieben. Denn leider ist es nicht immer so, dass äußerliche Schönheit auch einer inneren Schönheit und Feinheit des Charakters entsprechen muss.

Dagegen mag man zwar einwenden: »Halt! Ist es nicht die moderne Psychologie unserer Tage und gar die Esoterik, die uns da lehren mögen, dass der Körper und damit ›das Äußerliche‹ die Vermittlerfunktion der ›Innenwelt‹

zur ›Außenwelt‹ darstellen und also das äußere Erscheinungsbild eben genau dem ›inneren Zustand‹ zu entsprechen habe?

Und ist nicht gerade in den Sagen des Mittelalters ›Schönheit‹ mit ›schön im Geiste‹ gleichzusetzen?«

Wir wissen es nicht. Vielleicht war dieses Burgfräulein gar nicht so schön, wie wir wohl annehmen sollen.

Für einen jungen, hübschen Spielmann aber, von dem wir gleich hören werden, war sie die Schönste der Welt. Diese Absolutsetzung einer leichten Verwirrung des Geschmacks und das, dadurch ausgelöste, von allen Sinnen verlassene Gebaren im Minnedienst sollten für ihn tödlich enden.

So hört:

Vor über 500 Jahren, es war um das Datum 1487 herum, da vermählte sich der Bayernherzog Albrecht IV. mit Kunigunde, der Schwester des späteren Kaisers Maximilian I.

War das eine mittelalterliche Prunkhochzeit! Wer etwas galt im Lande, der ward geladen und kam auch prompt angereist, all die Großen und Mächtigen erschienen in München (wie heute doch auch, wenn man gesehen wird) zum großen Hoffest.

Fast alle Künstler, Spielleute, fahrenden Sänger, die einen Namen hatten zur damaligen Zeit, waren da. Und des Fressens, Saufens, Grölens war schier kein Ende. Daneben gab es natürlich die vornehmen und höfischen Darbietungen und Wettbewerbe, wie etwa das Lanzenstechen.

So befand sich unter der Gästeschar auch ein junger Edelmann, der war als Musikant angereist gekommen (er besaß eine ausgesprochen musische Ader, war aber träumerisch und nicht besonders den Finessen des Lebens gewachsen), der verstand es wirklich vortrefflich, den Dudelsack zu pfeifen und fremde Vogelstimmen nachzuahmen.

Als dieser Schöngeist das stolze Burgfräulein von Grünwald sah, da war es, als hätte ihm eine fremde Macht jeden Verstand aus dem Schädel gerissen.

Nur noch ein einziges Ziel hatte er: Sie.

Die merkte das bald. Kein Wunder. Denn bei jeder sich bietenden Gelegenheit stammelte er ihr von seiner Minne.

Wir sehen ja gerne ein, dass die Macht der Liebe besonders stark daherkommen mag, das steht dieser Macht zu, allein schon der Gedichte und Gesänge wegen, die daraus entstehen. Geht es bei diesem Spiel doch immerhin um den Fortbestand der Menschheit! Aber muss das Manöver denn gleich Todesopfer verlangen!

Nun also. Der junge Spiel- und Edelmann gestand seine Liebe. Immer und immer wieder tat er das, gerade überall, wo er das stolze Fräulein erwischen konnte.

Das schmeichelte dem Ding, selber empfand sie aber keinerlei Gefühle für ihn. Da war sie in ihrer Auffassung ganz modern: Kühler Blick nach vorn und warten auf den Märchenprinzen.

So begann sie, geschmeichelt, aber doch ärgerlich, weil sie ihren Verehrer als zu gering für sich erachtete, mit ihm, seinen Gefühlen und, weil der Teufel sie ritt, mit seiner Seele zu spielen:

»Der Mann, den ich liebe, der muss durchaus sein Leben für mich riskieren wollen!«

(Oh, du Dummkopf! Jetzt hättest du merken müssen, wie es mit der »inneren Schönheit« der jungen Herrin bestellt war. Aber er sah nur die roten Haare unter der Spitzhaube, die ergossen sich wie glühende Lava aus ihrem bösen Haupte, flammend, Verderben signalisierend, aber gleichzeitig verführerisch, und brannten ein schlimmes Loch ihm in Herz und Verstand.)

»Mein Leben, es gehört Euch. Alles tue ich, was Ihr verlangt.«

Da kokettierte das üble Weib, zierte sich spielerisch, aber gekonnt, rückte die Haube zurecht, überlegte aber mit

Das hochmütige Ritterfräulein warf den Ring in die tiefsten Strudel der Isar, die sich unterhalb der Burg ergossen. (Ansicht von Grünwald nächst München, Radierung, Mitte 19. Jahrhundert)

messerscharfer Genauigkeit, was wohl die schlimmste Gemeinheit sei, die sie dem Spund jetzt antun könne: Und sie warf, weit ausholend, ihren Ring in die Isar, die an dieser fürchterlichen Stelle besonders reißend sich durch Untiefen ergoss. Für jedermann ersichtlich, ein Todesurteil.

»So spring hinein und hol ihn mir!« befahl sie.

Schon war er im eiskalten Flusse, mitsamt Kleidung, Schwert und Kopfbedeckung, für Überlegungen hatte er keine einzige Gehirnzelle zur Verfügung. In dem Moment, da er aufs Wasser klatschte, riß es ihn hinab und dort blieb er für immer.

Ertrunken in tiefer Sehnsucht. So wie es um ihn stand, war dieser schnelle Tod vielleicht noch eine Gnade gewesen.

Seine Leiche hat man bis heute nicht gefunden. Schade um ihn. Schade?

Hier soll angemerkt werden: Zu den klassischen Rittertugenden zählt neben Zucht, Ehre, Milde, Stete, Frömmigkeit, Mannhaftigkeit, Treue... eben, und vor allem, auch die »Maße«.

Die Mäßigung also. Und damit auch das Maßhalten mit den Gefühlen. Damit war es bei dieser besinnungslosen Hingabe des Minnerekruten natürlich nicht weit her. Maßlosigkeit ist oft eine tödliche Untugend. Schon mancher angesehene Ritter der Artusrunde hat wegen Unmäßigkeit (auch mit Frauen), also wegen des Verlustes der Mitte, eine lange und beschwerliche Aventiure-Fahrt auf sich nehmen müssen. Denken wir an Erec und Enite! Doch der Sänger war kein Erec. Für Läuterung blieb ihm keine Gelegenheit. Eines Burgfräuleins Schabernack willen in die tiefsten Untiefen der wütenden Isar zu springen, das eben war nicht Mann-heit, sondern schlicht Blödheit.

Sie aber hätte es wissen müssen. Sah sie doch von Anfang an in seinen Augen, dass er mit sich machen ließ, was sie wollte. Mag auch der übrigen Menschheit ihre Missetat verborgen geblieben sein, der höheren Macht blieb nichts verborgen.

Sofort tat sich die Erde auf, viele Klafter tief, und weg war das lose Ding.

Wer an einsamen Abenden, vor allem im Spätsommer und Frühherbst, wenn die Jahreszeit des Vergessens erste Schleier über das Land zu breiten beginnt, wer dann dort am Isarstrande spazierengeht, der vernimmt gar oft das sehnend-lockende Gesäusel des verwunschenen Fräuleins.

»Das ist der Lockvogel«, sagen die einen.

»Die verwunschene Nixe!« die anderen.

Und keiner traut der Geschichte so recht.

Wahr ist, dass die hochmütige Evastochter augenblicklich in eine Nixe verwandelt wurde, mit einem glitschigen

Fischschwanz statt langer Beine, und dass sie fortan bei einem stets grantigen Wassermann leben muss in einer finsteren Wassergrotte, gleich bei Großhesselohe. Dem alten Lustgreis muss sie dauernd die hässliche Glatze kraulen, aber schlecht aufgelegt bleibt der trotzdem und hat kein gutes Wort für sie übrig. Er lässt sich nur bedienen, erachtet dies als selbstverständlich, und sie, das ehedem so hochnäsige Geschöpf, kann nichts dagegen tun.

Ihr Hass auf Männer ist dadurch nicht besser geworden. Im Gegenteil!

Da sie besser aussieht denn je (Beobachter, denen man Glauben schenken darf, berichten: strahlend hellgrüne Nixenaugen, grüne, lang wallende Nixenhaare – nur einige wenige erzählen, sie hätten rote Haare gesehen –, Traumfigur, anmutig langer Hals), da sie also nach wie vor so blendend mit Blend-Werk ausgestattet ist, nützt sie die Magie ihres Körpers, um biedere Flößer ganz gemein und hinterlistig in den Tod zu locken. Denn diese verblendeten Herren übersehen dann die Gefahren und die Stromschnellen.

Die Flößer wissen dies und haben Angst. Dabei ist Angst überhaupt nicht das richtige Mittel gegenüber so einem Wesen, Vorsicht wäre besser.

Denn Angst ist letztlich das missratene Kind des Stolzes, und da ist die Neugierde gar nicht weit weg. Wer aber neugierig ist und diese Neigung, zusammen mit seiner Angst, zu einer Art Sehnsucht verbindet, der sehnt sich nach der Nixe, wird geradezu süchtig nach dem, was ihre Erscheinung verspricht und nie hält. Sucht aber kann tödlich sein.

Die Flößer bekreuzigen sich deshalb, tragen Amulette bei sich oder fromme Beigaben. Doch kaum singt die Nixe, »sind sie weg«.

Wer sollte die Nixe erlösen? Erlösung geschieht durch Liebe. Sie aber tritt Gefühle mit Füßen. Kein Wunder, dass sie nur begehrt, nie aber geliebt wird. Das macht ihren Zorn aus.

Und sie singt weiter. Drum Obacht geben, lieber Leser, nicht links und nicht rechts schauen, wenn die Nixe auftaucht. Wie immer hilft beten zu Gott am allermeisten. Denn: »Sie« verdreht sofort den Kopf.

Das ist ihr Dreh.

Das versunkene Dorf bei Riem

oder:

Nicht nur Flughäfen verschwinden!
(Auch Omnibusse in unseren Tagen)

Bisweilen verschwinden Dinge und Einrichtungen, die uns über viele Jahre hinweg vertraut sind, mit sagenhafter Plötzlichkeit. So ist in der Umgegend von und im Luftraum über Riem im Mai 1992 von dem einen auf den anderen Tag der dröhnende Lärm der Flugzeuge verschwunden, weil die triebwerkspolternden Düsenriesen es plötzlich vorgezogen haben, den neuen Großflughafen in Erding anzusteuern beziehungsweise anzufliegen.
Jeder kann selbst raus nach Riem gehen und sich überzeugen, wie der sandsteinrote »Tower« unvergessen in den Himmel ragt, von allen Frequenzen verlassen.
Da steckt aber keine Sage im Hintergrund, sondern ein sehr detailliert vorbereiteter Umzug.
Ganz anders erging es dem nahegelegenen Ort Pachem, der, wenn man dem Stoff, aus dem die Sagen sind, Glauben schenken will, zwischen Riem und Berg am Laim gelegen haben muss.

In alten Urkunden, die aus dem 14. und dem 15. Jahrhundert stammen, wird dieses Dorf noch erwähnt, es soll Bachheim geheißen haben oder Pachem. Warum, das weiß weder der liebe Gott, die Sage noch die Urkunde, und der liebe Gott, der täte es dann am Ende vielleicht doch wissen, aber er verrät es uns nicht, damit die Sage recht geheimnisvoll bleibt und spannend.

Der Name »Bachheim« deutet darauf hin, dass ein Bach geflossen sein könnte, aber es ist da dort kein Bach gewesen, weder damals noch heute...

Oder doch! Denn wir wissen, dass das »Höllwasser«, ein unterirdischer Flusslauf, die schreckliche Buskatastrophe, nämlich das Einbrechen eines Linienbusses in den »Truderinger Krater« vor wenigen Jahren, ausgelöst hat.

Man hätte aus der Sage lernen können und sollen!

Damals nämlich ging das ganze Dorf »den Bach runter«, und davon wollen wir hören.

Denn die Sage berichtet, dass der Ort mit allem, was dazugehörte, im Erdboden versunken ist. Man stelle sich das vor: Da liegen eben noch Häuser, Ställe, Wirtshaus und natürlich die Kirche, mitsamt den dazugehörigen und in ihr Leben eingebundenen Menschen, geschäftiges Dasein breitet sich aus vor dem staunenden Betrachter und, plötzlich!

Alles ist weg! Irgendjemand muss damals zugeschaut haben, wie alles verschwand, sonst würden wir es ja nicht wissen. Oder?

So schrecklich die Mär auch sein mag, ein wahres Schreckgespenst ist so ein Verschlucktwerden eines gesamten Dorfes samt Infrastruktur aus der Sicht heutiger moderner Bodenspekulanten: Wie sollen denn die Preise stabil bleiben oder, wie viele sich ausrechnen, zusehends steigen im Raume Münchens, wenn Bauland so urplötzlich »frei« wird, anstatt sich beständig zu verknappen!

Aber um die Menschen, die damals mit dem Dorfe »untergegangen« sind, war's schade. Ob die jämmerlich umkommen mussten dabei, oder im Untergrund als Untote oder Gespenster weiter existieren durften, davon weiß man nichts. Die Sage weiß nichts, und wir wissen es auch nicht.

Aber...

Manchmal, an windstillen Tagen, vor allem, seit der Fluglärm weggefallen ist, da war an diesem Orte bisweilen Gespenstisches zu hören: Laute Zurufe, Peitschenknallen sowie das Rollen, Ächzen und Knarren schwerer Wagenräder, dazu das Blöken von Schafen und Muhen der Kühe...

Aber zu sehen ist rein gar nichts. Hat man solche Gespenstertöne schon seit alters her gekannt an dem Ort, so hört man sie jetzt vermehrt wieder!

Vielleicht ist Bachheim in einem der zahlreichen Kriege des 15. und 16. Jahrhunderts bei einer Brandschatzung dem Erdboden gleichgemacht worden; vielleicht ist es tatsächlich durch bösen Fluch in tausend Klüften und Abgründen verschwunden. Nichts Gewisses weiß man nicht.

Nur: Wer die Sage ernst nimmt und den »wahren Kern« erkennt, der würde dort niemals eine U-Bahn bauen ...

Wenn der Teufel selbst mit im Spiel ist

Die drei Raben

oder:

Wie der Teufel sich die Seele eines Münchner Advokaten holte!

Wenn man durch die Maximilianstraße spaziert oder die in geldaristokratischem Jugendstil bebauten Sträßchen Alt-Bogenhausens durchwandert, dann dauert es selten lange, bis einem an den Eingangspforten der verwöhnten und verwöhnenden Domizile golden oder silbern glänzende Namensschildchen auffallen, prunkend montierte Visitenkarten renommierter Anwaltskanzleien, hinter deren Fenster flinke Erfolgsjuristen schalten und walten und die Welt so gestalten, dass ohne juristische Entwirrung nichts mehr läuft.
Alles, was recht ist, mag man da gerne einwenden, das Recht jedoch ist den Herren bevorzugt recht, denn mit dem Recht lässt sich recht gut verdienen. Wer verdient, der verdient Achtung, und in unseren Tagen haben sich die Anwälte, Justitiare, Notare, Steuerberater und alle sonstigen Rechtsbeistände so unersetzlich gemacht, dass jedermann froh sein darf; wenn er »einen hat«, also eine gute Adresse kennt.
Man sieht sie in München bevorzugt im Zentrum oder in guter Gegend, sie tragen »Nadelstreifen«, im Winter Lodenmäntel und -hüte und stets eine gute Gesinnung vor sich her. Das Leben gerinnt ihnen zum »Fall«, und das gefällt ihnen so.
Die meisten sind anständig.
»Der Sage nach« soll es in dieser Stadt aber einmal ein recht schwarzes Schaf jener Innung gegeben haben:

Zu Ende des 18. Jahrhunderts, da lebte in München ein Advokat, der war verschlagen und hinterlistig.

Dem war alles recht.

Denn vom Recht lebte er. Seine Seele hatte er längst verloren, er besaß nichts mehr davon, dafür aber hatte er tausend krumme Winkelzüge im Gehirn. Und er dachte an nichts anderes, als wie er seinen Geldsack füllen könnte.

Mit der sogenannten »inneren Ethik« dieses Mannes kann es nicht allzu weit her gewesen sein, denn er handelte stets nur zu seinem eigenen Vorteil, auch wenn es dem Recht zu leid und dem Unrecht zu lieb geschah.

Mit seinen Klienten führte er »Beratungsgespräche«, wie man sie auch heute so kennt, aber das muss schon eine saubere Beratung gewesen sein!

Niemals besänftigte er seine Kunden, wenn diese gegeneinander aufgebracht waren, vielmehr stachelte er sie auf zu unvernünftigem Handeln und Prozessieren, so lange, bis sie endlich alles verloren und er ihnen den letzten Heller aus der Tasche gezogen hatte. Auch machte er sich, wie man das damals benannte, »kein Gewissen daraus«, selbst arme Witwen und Waisen um ihr Recht und um ihr letztes Schärflein zu bringen.

Den Menschen, die mit ihm zu tun haben mussten, denen konnte er die Worte im Munde umdrehen, eher noch, als diese ihre eigenen Worte überhaupt gedacht hatten!

»Rabulist«, so nannte man einen derartigen Wortteufel und Winkeladvokaten damals. Heute täte man sagen: »...ein gewandter Redner, erfolgreich im Denken und Auftreten, zielorientiert, praxisbezogen«.

Wir wissen als aufmerksame Leser einer Sage und als Erkenner der inneren Wirklichkeit längst, dass solche Gewissenlosigkeit niemals ungestraft bleibt. Dem Advokaten ging es so ähnlich wie dem herzlosen und ausschließlich profitorientierten »Jedermann«: Mitten aus dem Leben heraus traf ihn der Schlagfluss (Gehirnschlag). Und mausetot waren sowohl er selbst als auch sein geöltes Mundwerk.

Dies möge keine Abhandlung über Bestattungsriten in München sein, aber Beerdigungsunternehmen und das, was wir »Trauerhilfe« nennen, das gab es damals noch nicht in der Form, wie wir es heute gewohnt sind. Wenn einer tot war, dann musste er sich schon selber helfen. Auch die Trauernden konnten nicht einfach zum Telefonhörer greifen und die Bestattungs-, Formal-, und sogar Trauerarbeit einem städtischen oder privaten Dienstleistungsunternehmen übergeben.

Es gab dafür, neben den Totengräbern vor Ort, sogenannte »Seelnonnen«, die sich um die Leiche kümmerten und diese zur Aufbahrung aufbereiteten. So auch hier.

Die Seelnonne also hatte den Leichnam hergerichtet, ihm zwei brennende Lichter an die Seite gestellt und ein Kruzifix am Haupte aufgerichtet, so lag er in seinem Saal, ehrbar und prunkhaft aufgebahrt. Und wie es der Brauch ist, kamen Leute aus der Nachbarschaft, um den Toten zu beschauen, ihn mit Weihwasser zu besprengen und um für ihn ein Vaterunser zu beten. »Und vergib uns unsere Schuld...!«

Geweint hat allerdings kein Mensch um den Kerl, ganz im Gegenteil; manches böse Wort wurde laut. Aber was da alles an Abfälligkeiten gesagt wurde, das soll hier nicht wiedergegeben werden. Nur die Einsichtigen und Mildgesinnten meinten: »Gott möge seiner armen Seele gnädig sein!«

Aber da!

Plötzlich war ein unheilverkündendes Rauschen in der Luft, ein bösartig knarrendes Flügelschlagen!

Da hörten die im Totenzimmer Versammelten sowie das Volk, das gaffend ums Haus herumlungerte, etwas durch die Luft daher rauschen, und man sah alsbald zwei mächtige Raben an das geschlossene Fenster fliegen.

Hat man je zuvor Vögel mit so teuflisch intelligenten und wissenden Augen gesehen! Die pickten mit ihren starken Schnäbeln an die Scheiben, bis das Glas zerbrach und die Scherben klirrend auf den Boden fielen.

Das war der Teufel selber und ein Spießgeselle, der Seelenfänger in Persona war da, der den Unglücklichen, der da unvorbereitet hat sterben müssen, ohne je etwas von seinem ichbezogenen Leben bereut zu haben, durch die Luft abgeholt hat. Im selben Augenblick, zu aller Staunen und Grauen, entflog dem Munde des Toten ein ebensolcher schwarzer Vogel, schwirrte zum Fenster hinaus und mit den beiden anderen davon.

Wir wissen, dies war die Seele des Erfolgsanwalts, die zum Teufel ging.

Im Totengemach aber war es stockdunkel jetzt.

Fassungslos standen die Menschen da, alle Lichter waren verlöscht, und das Kruzifix lag umgestürzt am Boden: Ein eindeutiges Zeichen, dass die Macht des Bösen über den bösen Juristen gesiegt hatte. Doch der hat es, wie wir gesehen haben, der Schwarzen Macht recht leicht gemacht.

Der Teufel hat ihn einfach nur abzuholen brauchen.

Das heißt, seine Seele war schutzlos den höllischen Vögeln preisgegeben. Der Körper lag immer noch da und ist nachher, vor den Augen der Umstehenden und zu Tode Erschrockenen, über und über schwarz geworden.

Wollen wir im Lesen innehalten und für ihn beten, dass er doch noch irgendwann einmal erlöst werden möge. Der liebe Gott kennt, Gott sei Dank, andere Gesetze und Gesetzmäßigkeiten, als Juristen und Pharisäer sie kennen. Er verzeiht - wenn der Mensch ihm auch nur einen einzigen Schritt entgegenkommt. Für den hinterlistigen und wortverdreherischen Advokaten ist es dafür zu spät gewesen.

Der Teufel, der Blitz und der Petersturm

Kaum ein Turmbauwerk Münchens prägt sich so typisch für allezeit dem Auge des Betrachters ein wie der kantige Turm der Peterskirche.
Und die acht Uhren! Wie war das doch gleich?
Der Turm von St. Peter hat acht Uhren, damit zweimal vier Münchner von vier Seiten gleichzeitig doppelt nachschauen können, wann es denn achtmal vierseitig einmal zwölfmal Zwölfe schlägt...
Valentin lässt grüßen, so teuflisch ist das. Teuflisch?
Dereinst, da wollte Luzifer höchstpersönlich, weil er über die geistige Macht an diesem Kraftort sehr verärgert war, unserer geliebten Peterskirche recht übel zusetzen. Und er hat es auch fast geschafft...

Unser Peter, das muss man wissen, ist das älteste Münchner Gotteshaus und hat »früherszeit« nicht einen, sondern zwei Kirchtürme gehabt, die sind rechts und links vom Hauptportal gestanden, wie das so üblich ist bei braven Kirchentürmen. Ein altes Buch beschreibt die beiden Türme so: »Die sind auf dem höchsten Fleck von der Stadt droben gestanden wie zwei Schwurfinger, die das fromme München zum Himmel streckt.«*

Nun ist der Vergleich vielleicht doch etwas weit hergeholt. Denn erstens ist München weniger fromm als bierselig und zweitens: Auf was hätten diese Schwurfinger denn schwören sollen? So oder so, es hatte seine Ordnung mit diesen beiden Türmen, und ihr Glockenhall drang weit über die damalige Stadtgrenze hinaus.

*Max Rohrer, Alt-Münchner Geschichten, München 1949, S. 176.

Wie kann dem Teufel so etwas schmecken?

Den kennen wir ja inzwischen. kaum steht etwas da zum Lobe des Herren und der Schöpfung, schon wird der (alte) höllische Neidhammel fuchsteufelswild. Und wenn's hoch hergehen soll in München, dann ist immer der Föhn recht.

Das ist ein teuflisch aufgedrehter Fallwind, dem es von Zeit zu Zeit einfällt, ebendann, wenn's dem Teufel gefällt, den Münchnern das teuflisch verdrehte Denken zu lehren.

Oh, was gibt es alles zu beobachten, wenn »Föhn« herrscht! Manche Münchner meinen dann gar, es ginge ihnen besonders gut, und sie wähnen sich in Champagner-Laune, wie sie das so nennen. Doch denke dran: Hochmut kommt vor dem Fall!

Auch hier, wenn föhniger Hochmut das Zepter schwingt, ist immer ein schlaues Teuferl am Werk, das nichts anderes vorhat, als dem wackeren, aber allzu gut gelaunten Erdenbürger ein Bein zu stellen.

Nun hat damals der Teufel einen ganz besonders sauberen Föhn blasen lassen, hat damit gewichtige Gewitterwolken über die Münchner Stadt und über die Peterskirche geschoben – und dann einen gewaltigen, krachenden Blitz in die Doppeltürme des Gotteshauses hineinfahren lassen: zackbum!

Mein Gott, hat das geschnalzt, geknallt und gescheppert! Der Blitz war so teuflisch heiß, dass sogleich die Glokken geschmolzen sind und die Türme bis zum Kirchendach heruntergebrannt.

(Die Kraftfeld-Expertin Ingrid Sand weist darauf hin: dieser »männliche« und bereits römische Kultplatz war dem Jupiter geweiht und zieht zugleich Wasser und Blitz an. – In: Münchner Palette, Winter 2000, 42. Jhrg., S. 46)

Weiter hat der feuerspeiende Widersacher an das dem lieben Gott geweihte Haus nicht herankönnen und diesem schaden, sonst hätte er sich gleich selber ganz sauber die Finger verbrannt.

Was hilft besser gegen teuflische Hektik und Panik, sogar dann, wenn »Feuer auf dem Dach« ist, was hilft da besser denn Gelassenheit?

Die Münchner jedenfalls haben sich durch den Teufelsstreich keineswegs irr machen lassen gemäß dem Spruch: »Was die Bosheit niederreißt, das baut der gute Wille doppelt so gut wieder auf!«

Jeder hat für den Neubau gestiftet und seinen »Peterspfennig« abgegeben, diesmal aber nicht für den römischen Stuhl Petri, sondern für den Münchner Dachstuhl der Peterskirche und deren Türme.

»Die Münchner sind aber damals noch nicht so gewesen, dass sie sich gegen alles, was neu ist, zuerst einmal richtig ausschleimen, bevor sie's loben, sondern sie haben gesagt: »Schön anders ist auch schön!. und haben eine Abwechslung mögen.«*

Man kann es gar nicht glauben, wenn man sich die Münchner so anschaut, dass sie einmal derart zu loben gewesen wären, aber das Buch, in dem das drinsteht, ist auch schon recht alt. So gesehen. Weil in der neuesten Zeit sind die Münchner nur noch gegen alles, und jeder ist gegen jeden, und heraus kommt lange überhaupt nichts. Siehe Fußballstadion-Neubau ...

Damals aber haben diejenigen Münchner, die sich eben nicht vom Teufel dreinreden ließen, etwas Gutes auch als etwas Gutes empfunden.

Und bei der Peterskirche hat man daraufhin die zwei übriggebliebenen Turmstümpfe schräg abgeplattet und eingedeckt und dazwischen überm Hauptportal einen ganz extrigen Turm – an zwei Seiten breit, an zweien schmal – aufgesetzt. Diesem Turm haben die Münchner zwei steile Spitzhauben nebeneinander gegeben.

*Max Rohrer, Alt-Münchner Geschichten, München 1949, S. 176f.

Oben hinauf kam ein Rundgang für den Wächter und, was inzwischen wieder gute Weihnachtstradition ist, eine Plattform für die Turmbläser.

Der Wächter oben droben, der hat aber diesmal ganz extrem aufpassen müssen, ob nicht eine Feuersbrunst oder gar der Sparifankerl selber haben Hand anlegen wollen an unsere geliebte Münchner Stadt.

Der Teufel hat einige Höllenminuten gewartet (das sind in unserer Zeitrechnung etliche hundert Jahre) und schon war er wieder da!

Zeit hat er ja.

Diesmal hat er mit Feuer und Blitz die beiden Turmhauben zerfetzt.

Aber wie haben die stets gelassenen Münchner reagiert: »Ist schon recht so. Die Dinger waren eh nicht besonders hübsch!« Diese Gelassenheit fehlt heute ganz. Man denke nur an den Denkmalschutz.

Verdammt! – Der Teufel war außer sich vor Zorn. Nach Pech und Schwefel hat er ihm gestunken und geraucht. Nach irdischer Zeitrechnung schrieb man das Jahr 1607, und der Alte Peter hat halt ein neumodischeres Häubchen bekommen.

Was macht der Teufel, wenn er ihm so recht stinkt?

Er denkt nach, was er wieder anstellen könnte, um all das Menschenwerk, das dasteht zum Lobe des Herrn, kaputt zu kriegen! Oh, was ist der Teufel eigentlich für ein armer Teufel! Dauernd muss er niedrig sein, missgünstig, berechnend, seelenfängerisch und, vor allem: eifersüchtig!

Weiß er doch nur zu genau, dass er nur der Abklatsch der Schöpfung ist, dass der liebe Gott lange vor ihm da war, dass der Weltenschöpfer ihn, den aufmüpfigen und tief gefallenen Lichtbringer, sogar mit erschaffen hat und ihm nun, da er als aufrührerischer Erzengel von seinem großen Schöpfer und Gönner abgefallen ist, sogar die Frei-

Fast hätten fürchterliche Windböen, die Spießgesellen des Teufels, den tapferen Türmer in die Tiefe gerissen!
(Historische Ansicht des Alten Peter Richtung Südosten)

heit lässt, so grandios herumzuspinnen auf der Welt und all die Wirrnis anzustiften, die jeder von uns Menschen kennt und die uns, unseren Ahnen und unseren Nachkommen das Leben so schwer macht, gemacht hat und machen wird.

Aber der Teufel muss auch täglich zuschauen, wie Menschen, die dann doch nicht so blöd sind, wie er geglaubt hat und die das Zaubermittel »Demut«, den Weg des Herzens entdeckt haben, sich zu Gott bekennen, ein Vaterunser beten oder irgendetwas Schöpferisches tun. Etwa einen Turm wieder aufbauen. Da grämt er sich so, dass er sich tagelang in der Hölle vergräbt, und nicht einmal die Liste der verführten Seelen interessiert ihn mehr. Für einige Tage.

Und die Menschen, die sich von ihm so bereitwillig verführen lassen, das sind die Hochmütigen, die Stolzen, Raffgierigen und Furchtsamen. In einer so miserabligen Gesellschaft von Menschen muss er existieren und durch Tricks, Kniffe und Schliche auch die Rechtschaffenen zu verblenden suchen, damit er sie dann, zumeist geschieht es über den teuflischen Fliegenfänger »Hochmut«, in seine abgründigen Gefilde lockt.

Was aber tut er, wenn ein Mensch echt bereut?

Dann muss er die mühselig eingefangene Seele wieder freilassen, muss zusehen, wie sich dem ehedem Verblendeten die Augen öffnen und wie der Betreffende seinen Gott sucht und auch findet und den Teufel links liegen lässt.

Oh armer Teufel du!

So sehr hat er ihm gestunken über die hübsche neue Haube der Peterskirche, dass er schier einen teuflischen Koller gekriegt hat. Jetzt wollt er's wirklich wissen und ist wie von Sinnen mit all seinen Sturmwinden hin zur Peterskirche gefahren. Oben der Türmer, das war damals der Glassl Sepp.

Der steht eines Tages frohgemut auf dem Turm und wundert sich noch, dass alles so ruhig ist. Ruhig?

Das war es! Die Ruhe vor dem Sturm!

Der Mond ist klar und freundlich am Himmel gestanden, kaum aber hat's Mitternacht geschlagen, oh weh!

Da packt den wackeren Türmer ein Windstoss am Bart, und wie er sich's versieht, hat er es mit dem fuchsteufelswildesten Höllenfürsten zu tun.

Aus war's mit dem freundlichen mildhellen Mondlicht, nun herrschte schwarze Finsternis. Dafür gab es ein widerliches Gaulswiehern und Ziegengemecker, dürre, baumlange Arme haben sich wie böse Spinnenglieder nach ihm gestreckt, höllische Fratzen ihn angebleckt, und ein schwarzes Gewurl war das in der Luft wie in einem Forellenteich bei der Fütterung.

Aber der tapfere Türmer, der hat schnell das Kruzifix aus der Stube geholt und dann mit dem Satan mitsamt dem seinen windigen Spießgesellen einen tollen Streit angefangen.

Und unterkriegen lassen wollte er sich schon überhaupt nicht.

»Schleich di, Deifi!«

»I schmeiß di mitsamt deim Ang'nagelten aufn Rindermarkt obi!«

»Du hab mi doch gern, du...!«

Nun sind Ausdrücke gefallen, die, wiewohl historisch, in diesem seriösen Bande niemals wiedergegeben werden können. Denn da standen sich schlichtweg zwei Bodenständige gegenüber. Und Höflichkeit spielte zu der nächtlichen Zeit auf dem hohen Turme eh keine Rolle.

Der Teufel, der ist bei diesem hagelbuchenen Türmer und Christenmenschen eben gerade an den Richtigen gekommen, und zuallerletzt hat der Glassl dem Höllenfürsten das eiskalte Kruzifix in den glühend heißen Teufelsbauch gerammt.

Der hat gequietscht wie ein junges Schwein und laut »Ja pfui Deifi!« geschrien, so kalt ist ihm bei der unverhofften Berührung mit dem Heiland geworden.

Wenn es dem Teufel graust, dann schreit er immer »pfui Deifi!«. Daher kommt auch der Ausdruck.

Aber lockergelassen hat der sture Höllenfürst nicht. Und er war schließlich in der Überzahl mit all seinen Hilfsteufeln. Die haben am Glassl gezerrt, gezogen und geschoben, und jetzt wollte der hinterlistige Oberteufel den Türmer vom Rücken her packen!

Der aber druckt sich mit dem Rücken an die Turmwand, da reissen die Sturmteufel ihm die Füße unterm Leib weg – er strauchelt und fällt – sie wollen ihn übers Geländer zerren...!

»Hilf, Heiland!«

Da schlägt die Uhr eins.

Die Luft um den Turm rum wird ruhig, der Vollmond steht wieder beschaulich am Himmel, und der Turm steht so still da, wie ein Turm nur dastehen kann.

Die Turmhaube allerdings zeigte etwas schief in den Münchner Himmel. Abgebrochen war sie nicht, denn dumm, wie die Teufel sind, hat jeder von denen von einer anderen Seite gedrückt, geschoben oder gezogen.

Wie können auch Kreaturen, die ständig Streit und Zerwürfnis in der Welt säen, selbst fähig sein, sich abzusprechen und »an einem Strang zu ziehen«.

Das Böse bestraft sich immer selbst.

Der Türmer aber hat tags drauf seine Geschichte den Leuten erzählt.

Ist sie wahr?

Wieviel Bier der Fromme um Mitternacht getrunken hat, das weiß kein Mensch.

Aber etwas schief sitzt die oberste Haube vom Petersturm heute noch da droben..., geh nur gleich hin und schau nach!

In der Residenz geht etwas Schwarzes um!

Die Residenz ist nun wirklich nicht zu übersehen. Im Sommer 1992 beherbergte sie gar den »Weltwirtschaftsgipfel«, ein Spitzenpolitiker-Treffen der gesamten politischen Weltelite von solch hoher Wichtigkeit, dass keinerlei Kosten noch Mühen gescheut wurden und die Residenz samt aller einliegenden Geschäfte für den Rest der Welt, die normalsterblichen Münchner also, gesperrt blieb. Aus Sicherheitsgründen.
Wenn die Verantwortlichen vom »Schwarzen Pudel« gewusst hätten, der dort umherspukt...!
Die Residenz war Sitz der Wittelsbacher Regenten bis 1918. Sie wuchs in vier Jahrhunderten in vier verschiedenen Bauphasen zusammen und gibt ein imposantes Zeugnis ab von »höfischer Kultur in Europa«* (so ein seriöser München-Führer).
Von Europa? Uns genügt schon die höfische Kultur in München. Alljährlich treffen sich die »Großkopferten« zu den stehimbissseligen Neujahrsempfängen und schütteln dem jeweiligen Ministerpräsidenten und sich gegenseitig selber tüchtig die Hand. Dies geschieht zumeist im Antiquarium, dem größten profanen Rennaissancebau des Nordens oder aber im Kaiser- beziehungsweise Vierschimmelsaal.
Doch die Protokollbeamten sehen tüchtig zu, dass »vor Zwölf« ein jeder draußen ist und jeder Dienstwagen seine ichsüchtige Fracht weggekarrt hat.
Mit gutem Grund:

Denn um Mitternacht, da geht in der Residenz ein grauenerregendes Gespenst um!

*Lilian Schacherl und Josef H. Biller, München, München 1987, S.44.

»... In der Residenz geht etwas Schwarzes um ...«
Die nun benachbarte Staatskanzlei hat daran nichts geändert.
(Ansicht der kurfürstlichen Residenz von der Seite des Hofgartens, Kupferstich von Johann August Corvinus, Anfang 18. Jahrhundert)

Das ist so schwarz wie der Teufel selbst und fürchtet sich vor den vielen »Schwarzen«, die sonst so die Residenz beleben, kein bisschen. Bei einem schwarzen Pudel, da ist stets der Teufel mit im Spiel, das weiß man ja. Siehe des »Pudels Kern« bei Meister Faust!

Die schauderliche Vorgeschichte des Residenz-Pudels ist diese: Einstmals wurde München von den Österreichern besetzt. Heute wird es von Touristen aus der ganzen Welt besetzt, die Münchner ihrerseits besetzen die österreichischen Seen und Skiberge. So ändern sich die Zeiten.

Damals jedenfalls, zur Zeit der Besetzung durch die

Österreicher, da hat ein habgieriger Diener das Versteck der Schätze des Kurfürsten an die Feinde verraten.

Das war recht unfein und gegen jegliche Ethik eines treuen Dieners seines Herrn, noch dazu, weil in Kriegszeiten Schätze um so wertvoller sind, um »Rüstungsausgaben« bezahlen zu helfen. Oder Lösegelder. Oder einfach, um den Landesherrn persönlich zu bereichern.

Der Verräter hatte nicht viel Freude am Goldlohn seines Verrats, er ward erkannt, überführt und hingerichtet. Und man möchte meinen, nun habe die arme Seele ihre Ruhe gehabt.

Aber nichts da.

Der Verrat des Dieners muss tatsächlich aus sehr niedrigen Motiven heraus geschehen sein, denn dem Unglücklichen ward nach seinem gewaltsamen Ableben keine ewige Ruhe gegönnt.

Er musste in der Hölle, in die er augenblicklich gestürzt ward, den Lohn des Verrats, nämlich das viele Gold, eingeschmolzen und glühend heiß in sich hineinfressen.

So gierig und hastig, wie er zu Lebzeiten danach gegriffen hatte.

An dieser Speise hat er sich elendiglich den höllischen Magen verdorben.

Man darf es ruhig auch psychologisch deuten: Wer habgierig ist und süchtig alles in sich hineinstopft, der leidet Höllenqualen. Auch wenn er das lange selber nicht wahrhaben kann und besinnungslos den »Wohlstand« hinausbrüllt.

Zum Pudel verwandelt spukt der Verdammte durch die Residenz und ist für den, der ihm begegnet, eine tödliche Gefahr. Denn das Vieh ist bösartig. Aus seinem Maul schlagen lodernd die Flammen der Hölle und quillt die Hitze des eingeschmolzenen Mammons.

Vielleicht als Warnung an eben die Personengruppe, die auffallend oft in die Residenz geladen ist.

Doch das Grauen währt nur um Mitternacht. Da weilt

eh keine Menschenseele mehr in den Räumen der Residenz.

Bis auf...

Siehe Staatsempfänge! Da ist mancher »Hockenbleiber«, der, voll von Frankenwein, Bier und dem politisierenden Blabla, nicht zeitig genug den Weg nach draussen findet, gar oft schon einem schwarzen Höllenhund begegnet.

Der verborgene Schatz in der Michaelskirche existiert im Kopf als geistiges Gut

Wem der Krach der »stillen« Fußgängerzone zu viel wird und das Gedudel der Straßenmusikanten, der Politmarktschreier und der Interessenverbände zu aufdringlich, der möge schnell in die Michaelskirche fliehen, und schon kommt er auf innigere Gedanken. Zuvor aber sollte noch, außen über dem Portal, ein Blick auf den imposanten »Höllensturz«geworfen werden und darüber nachgedacht, wie wohl in unseren Tagen dem Teufel und all seinen Spießgesellen zu begegnen sei.

Und der Widersacher fühlt sich in der Nähe dieses Sakralbaues tatsächlich nicht besonders wohl: Denn der Erzengel Michael stößt ihn in der genialen und bombastischen, von Hubert Gerhard gestalteten Plastik so fulminant vom Sockel, dass einem schon vom bloßen Zuschauen schlecht wird! - Nicht nur das: Genau der Punkt, auf den die Lanze Michaels zeigt, das ist ein »magischer Ort«. Hier wird die Erde gepfählt, ähnlich wie bei Darstellungen des Heiligen Georg als »Drachenstecher«.

Dann die mächtige Tonnenwölbung im Inneren mit einem Durchmesser von zwanzig Metern, die sich über die Köpfe der frommen Münchner Christenheit spannt! Damit hat diese grösste Renaissancekirche des Nordens, die wegweisend für den Barock ist, das zweitgrösste Tonnengewölbe nach St. Peter in Rom.
Da muss es ja dem Teufel schlecht werden.

Als um 1773 das Jesuitenkollegium aufgehoben ward und die Mitglieder des Societas Jesu abziehen mussten*, da sollen sie, der Sage nach, einen ganz besonderen Schatz in den Mauern des gottbefohlenen Hauses zurückgelassen haben. Vielleicht als Zeichen, dass sie hier immer, zumindest ideell, »zu Hause« sein würden!

Da gibt es eine romantisch-schauerliche Geschichte, die ein alter, im Sterben begriffener Maurer und Jesuitenfreund auf dem Sterbebett erzählte:

»Sie haben mir die Augen verbunden und mich, ich weiß nicht wie lange, durch dunkle, hallende Gänge der Kirche und des Kollegiums geführt. An einem geheimen, nur ihnen bekannten Orte habe ich dann den prächtigen Schatz in uraltes Steingemäuer eingefügt.

Für mich selber habe ich ein geheimes Zeichen gesetzt, ein kleines Kreuz im Mörtel, aber den Ort, da dieses geschah, den habe ich niemals verraten und werde es auch jetzt nicht tun, im direkten Angesicht meines Todes.

Das bin ich einfach den Jesuiten und meiner Hochachtung ihnen gegenüber schuldig.«

Er schwieg, lächelte, fühlte den Frieden des ewigen Angenommenseins und schied hinüber in die andere Welt.

Der Schatz, der wurde nie gefunden. Weiß man, ob er je existiert hat?

*Mit dem als Machtdemonstration geplanten Bau wollte der fromme wie prunksüchtige Herzog Wilhelm V. der Gegenreformation im Norden, dem jungen Jesuitenorden und sich selber ein Denkmal setzen.

»... wie wohl in unseren Tagen dem Teufel und all seinen Spießgesellen zu begegnen sei?«
(Bronzestatue des Erzengels Michael von Hubert Gerhard, 1588, an der Fassade der Michaelskirche)

Oh ja, das hat er. Es muss doch nicht alles materieller Natur sein, wovon eine Sage zu berichten weiß:

Der spirituelle Schatz, den die Jesuiten uns hinterließen, jene Männer, die, in der Art des Denkens verfeinert und in der »Betrachtung Jesu« geschult wie keine anderen, täglich ihre Exerzitien betreiben und so lehren, wie man nach und nach seine eigenen Gedanken unter Kontrolle zu bringen vermag und zu Gott hin ausrichtet - dieser Schatz wiegt weit schwerer und leuchtet heller und funkelnder, als irgendwelche irdischen Pretiosen das vermöchten.

Den Schatz der Jesuiten hat bereits ihr Gründer, der heilige Ignatius von Loyola, herbeigeschafft, indem er sein Umkehrerlebnis ernst nahm, die »geistlichen Übungen ersann« und diese Feinheit des Nach-Sinnens perfektionierte und weitergab.

Es bleibt dem Menschen letztlich nur das an Gütern, was er verschenkt hat. Vielleicht liegt das wahre Gold in der Bereitschaft des »Weitergebens« begraben?

Die Teufelsgrube bei Holzkirchen

Holzkirchen ist den meisten Menschen wohl zunächst deshalb ein Begriff, weil ganz gewiss keiner, der die Autobahn München-Salzburg gen Süden (oder im Stau retour) benützt, die breit angelegte »Raststätte Holzkirchen« übersehen kann. Ein letztes Nachgucken, ob der Luftdruck in den Reifen stimmt, ein erster Gang auf die Toilette, wenn die Kinder quengeln...
Natürlich ließe sich in dieser ur-oberbayerischen Gegend nahe dem Taubenberg, zwischen Wolfratshausen, Bad Tölz und Miesbach auch herrlich wandern und die Natur und deren Geheimnisse er-»fahren«. Gehend erfahren, natürlich. Eine knappe Stunde unterhalb Holzkirchen fahrt die Straße durch einen breiten und tiefen Graben, der sich dadort in nordwestlicher Richtung der Isar entgegenge»graben« hat.
Aber mit diesem Graben, der einen klassischen »magischen Ort« darstellt, da hat es eine gar schauerliche Teufelsbund-Sage auf sich.

In jener Gegend stand dereinst eine Mühle in einsamer und verlassener Gegend, der Müller war ein Sonderling, und seine Gedanken drehten sich bald schon so absonderlich im Kreise wie das Rad der Mühle.

Eines Tages aber, da wollte dieses Mühlenrad nicht mehr so recht laufen, was wohl sicher an der Tatsache lag, dass einfach zu wenig Wasser da war, welches die stets nach flüssiger Nahrung gierige Schaufel hätte betreiben können. Der Müller aber, das war ein gieriger und profitbesessener Mann. Er dachte an nichts als an Rentabilität und hatte nur das eine Interesse: Dass doch die Mühle bald wieder mahlen sollte! Dazu war ihm wirklich jedes Mittel recht. Aber auch jedes, auf Teufel komm raus.

So griff er also zum aller-allerletzten Mittel, das ein Mensch, der anständig ist, tun mag; das heißt, er griff zum ersten Mittel, das ein gewissenloser Zeitgenosse willens ist, einzugehen. Denn der Teufel bietet sich recht schnell an, wenn er merkt, dass eine Menschenseele aus lauter Profitgier bereit ist, sich selber zu verkaufen.

Und schon war er da, der Sparifankerl, genau so, wie er das immer tut. Er tritt auf als zuvorkommender Verhandlungspartner, ja, man möchte gar oft meinen, als lieber Freund. Er versteht sofort die Sorgen seines Gegenüber und weiß genau, wo diesen der Schuh drückt. Das braucht gar nicht gesagt zu werden, der Teufel versteht es auch so. Das nämlich ist seine Masche. Aber er will etwas dafür.

Denn das Verständnis, das er zeigt, das ist teuflisch!

Teuflisch gut, aber deswegen nicht weniger teuflisch. Und davon, was der Seelenfänger hinterher haben will für seine Dienste, davon sagt er wohlweislich kein einziges Wort.

Wollen tut er immer nur das eine: Das ist die Seele jenes Menschen, der so dumm ist, sie ihm auszuliefern.

Der Müller also, der zu wenig Wasser für seine Mühle hatte, er schloss mit dem Teufel einen Bund ganz besonderer Natur, den man auch in unseren heutigen Tagen zur Genüge kennt, wenn es um den Profit geht: Man schert sich nicht um Gottes herrliche Natur und untergräbt die himmlische Weltordnung.

Untergräbt!

Das war es. Der gewissenlose Müller hieß dem Teufel, einen Graben anzulegen, eine Mordsgrube aus der Isar in die Mangfall hinüber.

Die Idee war gar nicht schlecht, man braucht sich dazu nur eine Landkarte Oberbayerns anzugucken. Holzkirchen liegt ziemlich genau zwischen Isar und Mangfall, und im Südosten beschreibt die Mangfall ihren berühmten »Knick« unweit vor Aying, weil sie es, des Geländes halber, nun vorzieht, östlich gen Rosenheim, dem Inn zu, weiterzufließen.

Nun also sollte der Allesuntergraber während der Nacht, bis zum ersten Schrei des Hahnes, einen Graben anlegen, von der Isar zur Mangfall hin, damit des gierigen Müllers Mühle fortan mit Wasser versorgt sei.

Man schlug ein. Der Böse versprach das seine, und der Müller versprach seine Seele.

Oh, wie erschrak der Müller da trotz seiner Dreistigkeit, die ihn eben noch zu unverantwortlichem Tun und zum Blutsbund des Verderbens hinein in alle Ewigkeit getrieben hatte! Denn noch vor Einbruch der Nacht begann das Teufelswerk fortzuschreiten. Ein Schauder und ein Grauen des Todes erfasste den Ruchlosen, als er sah, wie von unsichtbaren Händen die Erde bewegt ward, dunkler Grund und graue Gesteinsmassen sich verschoben, ganze Gehölze knickten und brachen und der Boden unter den Füssen zu zittern und zu erbeben begann.

Noch war der Morgen fern, aber der ungeheure Graben schien fast vollendet. Als der Müller dies sah, wie hier die Natur und das, was Gott mit der Landschaft vorgehabt hatte, eines eitlen Wunsches willen der Vernichtung entgegen schritt, wie ein Stück seiner eigenen Heimat in so einschneidender Weise verändert ward, da packte ihn eiskalter Schauder und abgrundtiefe, ehrliche Reue.

Er bereute so sehr und so aufrichtig, was er getan oder vielmehr was er veranlasst hatte, dass sein Herr und Schöpfer alsbald Erbarmen zeigte und eingriff.

Was übrigens immer geschieht, wenn die Reue echt ist.

Der Müller, in Angst und Panik, er nimmt seine Beine unter die Arme, er entflieht dem schaurigen Geschehen – hin zur Hohnersteige. Da schlägt er mit einem Stock einen so entsetzlichen Krawall, dass das Federvieh erwacht und auseinanderstiebt.

Und, infolge des Riesenlärmes, beginnt auch schon der Hahn zu krähen! Viel zu früh. Aber er kräht.

Dieses in scheinbarer Panik und doch von höherer Macht gesteuerte Tun, das vorzeitige Wecken des Gockelhahnes nämlich, der sofort den vermeintlich anbrechenden Tag ankräht, all dieses lässt die teuflischen Gesellen, die im Unsichtbaren tätig sind und den Graben ausheben, augenblicklich zur Ruhe kommen. Sah doch der Teufelsbund vor, dass bis zum ersten Schrei des Hahnes alles vollendet sein müsse.

Die Gesellen der Nacht fliehen so schnell sie können, denn sie fürchten nichts so sehr als das helle Licht der Lebensbejahung, das sich in der aufgehenden Sonne kundtut.

So bleibt der Graben bestehen, unvollendet und wasserleer.

Das Wunderbare aber, das uns daran so sehr freuen soll: Der Müller ist gerettet!

Seine echte und ehrliche Reue hat eine Macht des Guten auf den Plan gerufen, die im Nu den Bund mit den Mächten des Grauens zu lösen imstande war.

Ein schreckliches Fisch-Ungeheuer, das im Walchensee ruht, bedroht die Landeshauptstadt München!

Wer das »Zwei-Seen-Land« bereist, der möge in Kochel am See haltmachen und dort das Denkmal des wuchtigen Schmiedes mit der sagen-haften Kraft bewundern.
Noch mehr Ur-Kraft lässt sich innerhalb der Anlagen des Walchensee-Kraftwerkes ahnen, von dort sich die entfesselten Wassermassen in gewaltigen Röhren aus dem
oberen in den unteren See ergießen und hinabstürzen.
Der Ausflügler aus München, der möge dabei nur recht tüchtig erschauern, erzählt doch eine Münchner (!) Sage die grausige Mär vom »Ungeheuer im Walchensee«, dem grantigen Riesenviech in der Tiefe, das die Landeshauptstadt von Anbeginn an bedroht hat und bedroht.

Ganz unten am untersten Urgrunde, da, wo die Wasser des dunklen Walchensees am schwärzesten sind, da haust ein grauenhaftes Urtier aus finsterer Vorzeit, ein wahres Monster von einem Fisch, so grauslig, greislich und schauderhaft, wie es das Auge eines Menschen noch nie gesehen hat und wohl auch nie sehen wird.

Denn ein Menschenkind könnte den Anblick von so viel Scheußlichkeit überhaupt nicht ertragen und müsste augenblicklich sterben!

Dieser »Waller« also (man sagt auch »Walchen« zu einem Waller, und darum heisst der Walchensee so, wie er heisst), dieser Urzeit-Waller also, der hat ein Maul, da tät ein Haifisch, wie wir ihn kennen, so einer aus dem Mittelmeer, glatt davonlaufen vor lauter Angst. Vielmehr, davon-schwimmen, wenn er den Waller sehen tät!

Der Waller da drunten also am untersten Grunde, er umschließt mit seiner urzeitlichen Leibesgröße den gesamten Kesselberg, der aus dem Kochelsee herausragt. Das Untier hat nur deshalb Platz da drunten in der tiefsten Tiefe des kalten Wassers, weil er seinen Schwanz in dem abscheulichen Riesenmaule festhält. Und auf diese Weise einen geschlossenen Waller-Ring darstellt. Wie alle Untiere, so hat auch dieses einen Schatz zu bewachen, der tief drinnen im Kesselberg eingeschlossen ist.

Früher wussten die Menschen um den Wahrheitsgehalt der schauderhaften Sage, und sie haben es tunlichst vermieden, das Walchensee-Monster zu stören, etwa indem sie Steine in den See geworfen hätten.

Eines nämlich mag der Riesenfisch nicht: Unruhe!

Oh, würden die Leute doch nur mehr auf das hören, was eine Sage vermeldet, vielleicht unterblieben dann die zahllosen Störaktionen, die man der Natur antut.

Sollte das Walchen-Monster einmal aufgeschreckt werden, dann, so heißt es, wird folgendes geschehen:

Es reißt voller Wut sein Maul auf, der Schwanz, peitschenartig, schnellt heraus, und die unteren Gesteinsformationen des Kesselberges unter Wasser zerspringen wie Glas.

Gewaltige Wassermassen stürzen sich über das bayerische Oberland bis nach München und begraben die Landeshauptstadt unter der Flut. Denn der Walchensee wird zu allem Übel auch noch, der Sage nach, mit endlos neuen Wassermassen gespeist, steht er doch mit den Weltmeeren in Verbindung.

Grund für diesen bedrohlichen Fluch, der über der Stadt lastet, sei die frühere Gottlosigkeit der Menschen.

In der Dreifaltigkeitskirche in München*, da ist ein ganz bestimmter geheimer Stein eingebaut ins Mauerwerk; wird der irgendwann einmal entfernt, dann bringt das entfesselte Monster im Walchensee ganz München zum Ertrinken.

So wurde bis 1738 in der Münchner Gruftkirche eine Messe gelesen, die war ganz aus der Angst um des Wallers Gefahr inspiriert und gelesen (was muss sich der liebe Gott dabei gedacht haben?), und einmal im Jahr wurde in München ein Ring geweiht aus allerfeinstem Gold, den hat man im Zuge einer Prozession gleich am Orte der Gefahr, an der tiefsten Stelle des Walchensees nämlich, versenkt.

Immer geschah das am Sonntag vor der Sommersonnenwende.

Oh, wenn die Sage aber nicht am Ende doch wahr sein sollte! Denn der Frevel der Menschen, vor allem der Frevel gegenüber unserer ursprünglichen Natur, der schreit zum Himmel und in die tiefsten Tiefen des urgründigen Seins.

Und die Natur und damit die Schöpfung und mit ihr sagenhafte Naturgewalten – die rächen sich allemal, wenn ihre Zeit gekommen ist. Die Natur, die hat viel mehr Zeit als der Mensch.

Vielleicht aber wird dieser Mensch doch noch gescheiter.

Noch ruht das Untier ganz unten am Grund des Sees. Aber man vernimmt schon das Grollen. Besonders jetzt, zu Beginn des 3. Jahrtausends herum. Die Naturkatastrophen sprechen Bände!

*Lies auch nach in diesem Band: »Die Gründung der Dreifaltigkeitskirche und die ›fromme Seherin‹«, S. 77ff.

Von sagenhafter Frömmigkeit

Das Bild mit den gesenkten Händen

So wie der Sage nach die »Winde des Teufels« um den Dom herum wehen, so ranken sich verschiedenartigste Sagengebilde - blühende Eisblumen einer regen und zumeist vom gesunden Volksglauben genährten Phantasie – um unseren Liebfrauendom. Eine davon ist die Sage vom »Bild mit den gesenkten Händen«. Das Motiv, dass nämlich die auf einem gemalten Bildnis dargestellte Person sich auf eben dem Bild verändert, zumeist, um auf eine seelische Transformation des Dargestellten hinzuweisen, dieses so anschauliche Motiv ist gewiss recht alt und wohl erst durch »Das Bildnis des Dorian Gray« von Oscar Wilde richtig bekannt geworden.
Wir brauchen nicht gar so weit zu schweifen, denn im Dom (so erzählt eine Sage) wird ein Bildnis bewahrt, darauf sind eine Menge Leute betend mit erhobenen Händen gemalt – eine einzige Frau ausgenommen.
Denn die hält ihre Hände gesenkt, und das soll folgende Bedeutung haben.

Da handelte es sich also um eine Erbschaftssache (heute würden wir sicherlich sagen in unserem von juristischem Denken beeinflussten Deutsch: um Erbschleicherei). In diesem abscheulichen Falle von Erbschleicherei hatte eine Frau ihre gesamte Verwandtschaft um einen guten Teil des vorgesehenen Erbes gebracht.

Nun wurde also die Andacht gehalten für den Toten, den die betreffende arglistige Weibsperson zu Lebzeiten bis hin zum Sterbebett mit Lug und Trug dazu gebracht hatte, ein stattliches Vermögen zu ihren Gunsten »umzuschreiben«.

Oh, wie hatte sie gelogen und damit die dahinscheidende Seele hinters Licht geführt! Wem würde denn nicht davor grauen, eine sich von der Welt verabschiedende Seele so unverschämt anzulügen?

Aber so war diese Frau. Nicht nur, dass sie solches tat oder vielmehr getan hatte, nein, sie fühlte sich auch noch gut, redlich und ehrlich dabei (wie so mancher fromme Christ!), und sie versäumte es auch nicht, dass sie zu der anberaumten Totenfeier pünktlich und besonders trotzig herausgeputzt erschien. Mit gespielter Demut, gut inszeniertem Abschiedsschmerz und in der ersten Reihe der Kirche sitzend, so »trauerte« sie. Verlogen durch und durch.

Da ihr jedoch niemand etwas beweisen konnte von ihrer Arglist dem Verblichenen gegenüber, so kam sie auch mit auf das Totenbild, das ein Maler von allen Angehörigen anzufertigen beauftragt gewesen war.

Dies Bildnis zeigte die gesamte Verwandtschaft des Verstorbenen, allesamt betend mit erhobenen Händen, dieselben artig gefaltet zur tunlichen Zwiesprache mit Gott.

Man darf nun aber doch nicht behaupten wollen, dass die soeben geschilderte Weibsperson ganz »ohne Gefühl« gewesen sei! Denn wie sie so in der ersten Bank kniete, wohl wissend um ihre Arglist, da spürte sie sehr wohl die hasserfüllten Blicke der Geprellten, erlitt die Blicke wie Nadelstiche in ihrem kurzen Nacken (raffgierige und lügnerische Kramgeister besitzen oft besonders kurze, aber auch besonders lange Hälse!).

Und plötzlich! Da schrie sie, indem sie sich in der Kirche nach hinten umwandte, den Trauernden ins Gesicht: »Ich weiß sehr wohl, was ihr von mir denkt, ihr Gesindel! Jedoch tut ihr mir mit euren Gedanken schweres Unrecht, so wahr mir der gerechte Gott die Hände auf dem Bild niedergeschlagen hätte, wenn das zuträfe, was ihr mir ansinnt!«

Die anderen im Kirchenschiff waren starr vor Schreck, Entsetzen und peinlichem Berührtsein; sie starrten aus lauter Verlegenheit auf das Trauerbild, das da vor allen im Gotteshause hing.

In dem Moment aber senkte das gemalte Bildnis der Lügnerin die Hände herab und blieb seitdem für immer so.

Die Toten streiten für einen Frommen

Wer einmal gar nicht weiß, wo er am Sonntag »hinfahren« soll, aber doch Gottes herrliche Natur genießen will, dazu nachsinnen eben über Gott und die Welt, über Werden und Vergehen..., kurz, wer Rummel und Raserei satt hat, ein wenig aber seinen Glauben in freier Natur spazieren führen will und auslüften, dem seien die herrlich angelegten Münchner Friedhöfe empfohlen! Der Waldfriedhof, der Bogenhausener Friedhof der alte Nördliche Friedhof und viele, viele mehr. An einem sommerseligen, verschneiten oder herbsttraurig-schönen Sonntag der eine oder andere Gottesacker auf städtischem Grund! Oder gar an einem lichtdurchwirkten Frühlingstag, wenn »Leben auf den Gräbern« erwacht und der transzendierende Zwieklang von Leben und Tod das Gemüt ergreift?
Es gab jedenfalls, vor sagen-hafter Zeit, einen Ritter, der sich dies niemals entgehen ließ und bei jedem Friedhof an dem er vorbeikam, das tat, was wir heute »meditieren« heißen. Das war so:

Es lebte also irgendwann einmal ein frommer, gottgläubiger Rittersmann in der östlichen Gegend des heutigen München. Der hatte die Angewohnheit, dass er bei jedem Kirchlein, das an der Straße lag, ein Gebet sprach und seinen Glauben zu vertiefen suchte. Dazu nahm er sich die

Mühe und die Zeit, von seinem Ross abzusteigen. Alsbald band er es an, betrat das jeweilige Bauwerk und dankte seinem Schöpfer dafür, dass er in solcher Demut leben durfte.

Ebenso machte er es an jedem Friedhof, den er passierte. Dort, an diesen Orten ewigen Friedens, gedachte er der armen Seelen, die sanft im Glauben entschlafen waren, und verweilte in Gedanken bei ihnen, als dränge ein Funke von Ahnung der anderen Welt bereits jetzt in sein Herz. Auch rührte ihn Mitleid mit jenen Seelen, die zu Lebzeiten den Weg noch nicht hatten finden können. Dann betete er für Erlösung derer, denen deshalb die ewige Ruhe eben nicht so ganz beschieden ward, oder jene, die auf den Anblick der Herrlichkeit ihres Schöpfers noch zu warten hatten.

Wer so denkt, der merkt gar nicht, dass er sich selbst etwas Gutes tut, indem er an das Heil anderer denkt. Der Himmel dankte dem Ritter die ritterliche Gesinnung gegenüber den Verstorbenen (heute würden wir sagen: sein positives Denken wies ihm den Weg zur eigentlichen Selbstfindung).

Es war also kein Wunder, dass er erfolgreich war in den Dingen des Lebens, die damals Erfolg bedeuteten. Gesund war der Rittersmann und froh, denn Gesundheit an Körper, Seele und Geist ist wohl das größte Gut, das ein Mensch überhaupt nur haben kann. Und dazu besaß er das, was wir Menschen lapidar »Glück« nennen und was zumeist doch nichts weiter ist als höhere Fügung. Der Ritter blieb auch in allen Kämpfen, die er ausfocht, erfolgreich und ward deshalb von denen, die ihn kannten oder die von ihm hörten, »erfolgreich« genannt. Wem soviel Glück beschieden ist, dem passieren dann auch einmal ganz außergewöhnliche Dinge.

Unser frommer Ritter also, er ritt eines Nachts seines Weges, als er die mondscheinbeleuchtete weiße Mauer eines Friedhofes sah. Eine gute Gewohnheit, die bleibt einem, egal wie und wo die Situation sein mag. Und dieser Mann hatte eben die Gewohnheit, zu beten, sobald er eine Friedhofsmauer sah. Also stieg er ab, band sein Pferd an, kniete nieder unter einem Lindenbaum und begann, ein Gebet zu sprechen.

Da hörte er Laute im Gebüsch, die so gar nicht wie Gebete klangen! Richtig. Es waren verwegene Räubergesellen, üble Mordbrenner, die dem frommen Rittersmann an den eisenbewehrten Kragen wollten.

Und der wehrte sich tüchtig, oh ja.

Schnell hatte er sein scharfes Schwert gezückt und focht den Kampf der Gerechten.

Die anderen aber, die waren in mächtiger Überzahl, ob das nun gerecht war oder nicht. Er schwang das Schwert so behend und kräftig, wie er nur konnte, aber bald hatte er überhaupt keine Chance mehr.

Da öffneten sich die Gräber, Gerippe um Gerippe stieg empor und schlug sensenschwingend die Räuber tot oder wenigstens in die Flucht.

Der Ritter war gerettet. Eben noch wollte er sich bedanken, aber mit den Feinden waren auch die Freunde verschwunden. Die Gräber ruhten still und stumm wie zuvor. Da hatte also die höhere Macht eingegriffen und die Verstorbenen, um die der Ritter so oft gebetet hatte, für einen Gerechten in die allerletzte Schlacht geschickt.

Was tat der Ritter da? Richtig. Beten.

Die Braut, die Monstranz der Asamkirche und der Tod

»Wie aus dem Felsen gehauen« prangt die Fassade unserer herrlichen Asam-Kirche in der Sendlinger Straße, ein sakrales Kleinod, das eigentlich »Sankt Johann Nepomuk«-Kirche heißt.
Die Felsen rechts und links vom Eingang haben für einen gläubigen und bibelbewanderten Kirchgänger natürlich eine ganz bestimmte Bedeutung: Sollen sie doch jenen Felsen versinnbildlichen, auf dem Jesus seine Kirche bauen wollte und doch auch errichtet hat. Petrus der Fels nämlich.
So ranken sich, wie natürlich emporstrebender wilder Wein einer süffigen Mischsorte zwischen Glauben, Erzählfreude und Lust am Erschauern, diverse Sagen und Legenden um diese wunderschöne Kirche ganz im Herzen der Stadt. Eine davon entstand kurz nach der Fertigstellung.

Zwei junge Menschen, oder besser, zwei echte Münchner Kindl, die wollten sich das Ja-Wort fürs Leben geben. Es passte alles zusammen: Ihre Familien mochten sich, die beiden mochten sich, jeder sich selbst und auch den anderen und, wie es im Kirchenrecht so schön heißt: Kein Ehehindernis konnte angezeigt werden.

Vor allem, beide waren geborene Münchner. Damals war man noch nicht so leichtsinnig, kreuz und quer zu heiraten, wie etwa ein Münchner eine Nichtmünchnerin. Heute tut jeder recht weltoffen, überhört die Stimmen der Vernunft und vermählt sich gar mit einem Partner von irgendwo.

Was dabei herauskommt, das sieht man ja. Schon endet das Glück im Nirgendwo.

Am Vorabend der Trauung gingen beide zur Heiligen Kommunion, trennten sich danach wieder, wie's der Brauch war, denn ab dem nächsten Tage – es sollte der Tag der Hochzeit sein –, da würden sie schließlich noch ein Leben lang Zeit haben, zusammenzubleiben. Eine Ehe, die plante man damals noch durchaus langfristiger als heute!

»Bis dass der Tod euch scheidet!« heißt es so schön; der Tod trat diesmal aber recht früh schon auf den Plan, sogar noch vor der Eheschließung.

Oh, hätte der junge Mann sich doch irgendwo betrunken! Aber genau das tat er nicht, ordentlich, wie er war, half er lieber, ein paar Fässer für die anstehende Hochzeitsfeier in den Keller zu schaffen.

Da riss ein Seil, das Fass stürzte ab und dorthin, wo es krachend fiel, da befand sich der Kopf des jungen Bräutigams.

Nun haben schon viele ehewillige Männer im Umfeld einer bevorstehenden Liebesheirat ihren Kopf verloren, aber gar so schlimm wie hier ging's nicht immer aus.

Zugegeben, der Bräutigam war nüchtern, aber, wenn man den Sachverhalt nüchtern betrachtet, war er ebenso tot.

Nun brach, wie sich denken lässt, die Hochzeitsfeier zusammen, zuallererst aber brach die Braut zusammen, als sie davon in Kenntnis gesetzt wurde.

Aus ihrem gesamten Verhalten während der folgenden Tage ist zu entnehmen, dass sie den verunglückten ihr Versprochenen recht gerne gehabt haben muss. Denn nun verlor sie jeden Lebensmut. Ihren wertvollen Brautschmuck verschenkte sie an die Johann-Nepomuk-Kirche, denn dies herrliche Geschmeide hatte sie getragen, als sie ihren Liebsten zum allerletzten Mal lebend, geschneuzt und gekämmt – eben in der Kirche zum letzten Abendmahl – gesehen hatte.

Sie blieb ihm treu ihr Leben lang. Was nicht allzu lange dauern brauchte, denn sie verschied bald darauf an Herzeleid.

Aus dem Geschmeide der Liebenden (und anderer frommer Spender) wurde dann die wertvolle Monstranz gefertigt.

Gibt es eine würdigere Herkunftsgeschichte für das edle Material, das den Leib Christi birgt?

Die Liebe überdauert den Tod. So ist es halt, das Leben.

Die stille Beterin an der Mariensäule

Wer weiß, was der Mittelpunkt Bayerns ist? Richtig: Die Mariensäule mitten auf dem Marienplatz in München, denn diese ist tatsächlich Zentralpunkt der Landesvermessung.

Als Salz- und Getreidemarkt war dieser »Schrannenplatz«, so die frühere Bezeichnung, merkantile Keimzelle der Ost-West-Handelsachse und damit von großer Bedeutung. Die Mariensäule ist Treffpunkt, Herzpunkt und Mittelpunkt der Münchner Stadt und ihrer Münchner.

Kurfürst Maximilian hat in der Schwedenzeit (1632 bis 1635) eine Stiftung gelobt, falls München den Schwedenstürmen entgehen sollte, und 1635 hat er dann die Errichtung der Säule beschlossen.

So wurde sie 1638, am Tag der Schlacht am Weißen Berg, geweiht.

Seitdem »erhebt« sich eine goldene Gottesmutter oder vielmehr Himmelskönigin, in der einen Hand das Zepter, in der anderen das segnende Jesuskind, auf einer Mondsichel stehend über die Stadt. Und sie betrachtet sich den Marienplatz und das wech-

selvolle Geschick der Stadt auf einer balustradenumkränzten, elf Meter hohen korinthischen Säule stehend, und diese Säule steht wiederum auf einem Marmorsockel.
Hubert Gerhard hat die goldene Figur um das Jahr 1590 herum geschaffen, und zunächst war sie in der Frauenkirche aufgestellt.
Zu ihren Füßen tobt der ewige Kampf: Gewappnete und ausgesprochen streitlustige Putti bekämpfen den Drachen, den Löwen, die Schlange und den Basilisk, das sind Sinnbilder für Hunger, Krieg, Unglauben und Pest.*

Es versteht sich von selbst, dass dieser Ort nicht nur Touristen anzieht und Menschen eben, die »einen Treff« ausgemacht haben, sondern, und das ganz besonders, Zeitgenossen mit drückenden Sorgen, Kranke an Körper und Seele, die darauf hoffen, dass die Gnadenreiche ihnen helfen möge, durch Glauben und Hingabe wieder zu gesunden.

Das ist wahrlich gar oft schon geschehen, denn die heilende Wirkung eines echten Glaubens, eines Sichhineinfallen-lassen-Könnens in das, was geschehen muss und soll, hat schon mehr Wunder vollbracht, als wir kopflastigen Beobachter »glauben« können und uns vorstellen!

Eine traurige Sage aber gibt es, die erzählt von solch stiller Hingabe, von einem »Daran-Glauben«, und dies, obwohl dem Betreffenden, oberflächlich betrachtet, in keiner Weise geholfen wurde.

»Wer weiß denn, wofür's gut war…?«

Da lebte also in München ein junger Offizier mit seiner allerliebsten Frau und dem fünfjährigen Söhnchen, das die beiden hatten und das ihre ganze Freude war. Eine »glückliche Familie«, wie man so etwas nennt, auch heute noch.

*Lies nach die Sagen vom Basilisk im Spiegelbrunnen (S. 190ff.), vom Wurmeck (S. 97f.), vom Schäfflertanz (S. 162ff.) und überhaupt von der Pest (S. 144ff.)!

Die Beterin an der Mariensäule saß da in ihrer stillen und stummen Verzweiflung. (Der Marienplatz mit der Mariensäule, Ausschnitt aus dem Kupferstich von Michael Wening, um 1700)

Doch da meldete das Schicksal sich an in Gestalt des Franzosenkaisers Napoleon, der soeben in seinem Größenwahne sich anschickte, Russland zu erobern.

Jedenfalls hatte er dies vor.

Und der junge bayerische Offizier musste, wie viele andere auch, mit dem französischen Heere nach Russland ziehen.

Wo sind eigentlich die Helden, von denen so viel gesprochen wird, und was für ein Gemüt haben sie?

Welcher Vater einer seelisch gesunden Familie, der Frau und Kind hat, will freiwillig für eine Sache, die überhaupt nicht seine eigene ist, das wertvolle Leben dahin geben!

Keiner kann die Frage beantworten, ein Gescheiter niemals. Und doch sind sie da, die »Helden«, wir sehen sie täglich an den Fernsehschirmen. Sie schleppen todbringendere Waffen denn je und geschulterte Patronengürtel, ihre Gesichter sind starr, aber nicht mit dem Ernst der eigenen Entscheidung, sondern mit dem dumpfen Wahn des Hasses gezeichnet und der Intoleranz, oder aber sie haben Angst. Aber einen Helden, wie die Bücher ihn seit Urzeiten beschreiben, erblickt keine Kamera. Denn es gibt ihn nicht.

Und jeder der Kriege schreibt sich irgendeine Gerechtigkeit aufs Banner oder, noch schöner, irgendeine »Befreiung«.

Aber Befreiung von was?

So war es auch hier. Der junge Mann musste fort, das Bübchen, das ihn lieb hatte, weinte, und die Frau ahnte zutiefst in ihrem Herzen: Sie sollte den Vater ihres Kindes niemals wiedersehen.

Man fand sich ein am Marienplatze gleich bei der Säule der Himmelskönigin, wo sich die einberufenen Truppen samt Wagen und Geschützen sammelten und formierten.

Da sah die junge Frau ihren Mann noch einmal in einer vorüberziehenden Formation, und, indem ein Gefühl sie überwältigte des unbändigsten Abschiedsschmerzes, einer sie würgenden Sehnsucht von einer Liebe und nach einer Geborgenheit, von denen sie jetzt schon wusste, dass beides verloren war, und sie nicht anders konnte, als zu ihm hineilen und ihn noch einmal küssen, da nahm das Schicksal seinen Lauf.

Wer hat nicht einmal, da er gar so dringend eine Besorgnis machen musste, zu seinem Kind gesagt: »Bleib schön hier stehen, versprich es mir, bin sofort wieder da!«

Diesmal ging es nicht gut.

»Nur ganz schnell...!« sagte sie zu dem verdutzten und ängstlichen Bübchen.

Nur ganz schnell. Aus Sekunden wurden Ewigkeiten. Wollen wir sehen.

Die Frau rannte den Truppen nach, sie suchte ihren Mann zu erreichen, und nun gewann ihr Tun eine Eigendynamik des Verantwortungslosen, denn je schneller sie rannte, desto schneller schien ihr Mann sich von ihr zu entfernen!

Da! Endlich erreichte sie ihn und gab ihm den Abschiedskuss. Nicht nur vor Tränen war sie blind, sie war auch blind für das, was passieren kann, wenn man ein so kleines Kind in einer so entfesselten Volksmenge alleine lässt.

Denn jetzt, da sie endlich zurückwollte, wurde sie von der nachdrängenden Masse niedergerissen, halbtot getreten und schließlich, da niemand sie in dem Aufruhr sehen konnte, vom Rad eines schweren Geschützanhängers überrollt. Schwerverletzt lag sie auf dem Pflaster, und nun fügte das Schicksal, jene dunkle Kraft, die wir nicht kennen, sie fügte wie so oft, dass aus einem kleinen Anlass eine Kausalität entsteht, die zur Katastrophe gerinnt. Denn, halb ohnmächtig, wie sie war, konnte sie nicht sprechen, also von ihrem auf sie wartenden Bübchen etwas sagen, sie starrte nur ihre Helfer an aus aufgerissenen Augen, sie stammelte, als man sie aufhob und ins Spital brachte, aber sie sagte nichts. Die Sprache wollte ihr nicht gehorchen.

Sie erlebte bewusst den Alptraum, wollte hinausschreien, man möge das Kind suchen und mitnehmen, aber sie war machtlos. Ganz sicherlich hätten die Helfer das Kind gesucht, gefunden und versorgt, aber sie erfuhren nichts davon.

Trotz der schweren inneren Verletzungen und der vielen Knochenbrüche kam die Mutter, kraft ihrer Jugend, bald wieder zu Kräften. Da erhielt sie auch die Sprache wieder zurück und fragte sofort nach dem Buben.

Seitdem waren aber zwei Monate vergangen!

Sie eilte zur Mariensäule, besinnungslos vor Angst und Schmerz, aber der Kleine war nicht mehr da. Sie fragte jeden, der vorüberkam. Sie fragte Stunden, Tage, Wochen, Monate, Jahre.

Sie sah das Bübchen nie mehr wieder.

Ein gütigeres Schicksal als jenes, das ihr Mann und Kind und damit die Familie und das Leben raubte, muss ihr endlich den Verstand genommen haben.

Sie, die den bisherigen Lebensinhalt, ihre beiden Liebsten, niemals wieder auf dieser Welt zu Angesicht bekommen sollte, verfiel in eine Art Agonie, kauerte zu Füßen der Patrona Bavariae, hockte da, egal, ob es stürmte, regnete, schneite oder die Sonne schien.

Ihr Beten, Sehnen und Schaudern war still und dumpf und sichtlich entrückt. Für Vorüberziehende zeigte sie die bekannten Anzeichen geistiger Umnachtung.

Das waren aber nur die »äußeren« Erscheinungsformen eines Menschen, der sich in unbändiges Leid fügt, in Prüfungen, deren Ausmaße vom Verstand allein nimmer ausgelotet werden können; eines Menschen, der Reue zeigt für eine Schuld, die gar keine Schuld ist, höchstens Leichtsinn.

Die »Beterin an der Mariensäule«, sie saß da und wartete auf etwas, das nicht mehr kommen würde.

Passanten, voller Mitleid, warfen ihr ab und an einen Groschen hin. Sie verschied alsbald aus dieser Existenzform, von der wir nicht wissen und nicht sagen können, warum ein herausgenommenes Individuum in ihr solche Prüfungen durchlaufen muss.

Wir wissen es wirklich nicht.

Die Gründung der Dreifaltigkeitskirche und die »fromme Seherin«

Man begebe sich in die Pacellistraße 6 und betrachte die erste Spätbarockkirche Münchens mit der eindrucksvollen Fassade und dem Asam-Kuppelfresko im Inneren! Diese ist eine Votiv-Kirche, denn sie geht zurück auf das »Gelöbnis« einer Münchner Kammerdienerstochter, der »Lindmayrin«, die angesichts des herannahenden Spanischen Erbfolgekrieges von Schreckensvisionen erfüllt war.

Maria Anna Lindmayr war ein gottesfürchtiges Mädchen, fromm und wohlerzogen, und hatte schon von frühester Kindheit an »Visionen«. Möge ihr in unserer Zeit, da das Spirituelle und die Esoterik immer mehr an geistigem Raum gewinnen, eine Renaissance beschieden sein!

Diese Frau, die »das zweite Gesicht« hatte, sah also, nachdem im Jahre 1704 die Schlacht am Schellenberg verloren war und die Österreicher in gefährlicher Weise nach München vorrückten (das Verhältnis zu den Österreichern stand damals denkbar schlecht!), eine Möglichkeit, den Schrecken abzuwenden. Denn viele Münchner hatten panische Angst und waren bereit zur Flucht.

Die Dreifaltigkeitskirche ist »errichtet auf« dem Gelöbnis der frommen Seherin Maria Anna Lindmayr. (Sepia-Aquarell von Ludwig Huber, 1887, Münchner Stadtmuseum)

Da ihr die Gabe zu vollkommener Hin-»Gabe« gegeben war, zum Sichfallenlassen in den Lauf der Dinge was immer mit der Überwindung des Ego einhergehen muss -, hatte sie folgende Eingebung: »Der Stadt wird nichts passieren, alles Unglück bleibt abwendbar, wenn! – wenn die Stadt gelobt, eine Gelöbniskirche zu bauen. Und zwar müsse die Kirche der Dreifaltigkeit geweiht sein!« Damit gelang es ihr tatsächlich, die Angst der Münchner zu besänftigen, und der Bau der Kirche wurde beschlossen.

Es ist stets die Hinwendung zum Geistigen, die dem Menschen Kraft verleiht und Angst überwinden hilft. Und die Magie der Zahl »Drei« allemal, zudem, wenn es sich um die »Heiligen Drei«, die Dreifaltigkeit nämlich, handelt.

»Alle guten Dinge sind drei«, hört man oft wohl sagen, und so ist's. Die Vollkommenheit liegt ganz in der Dreiheit. So, wie eben auch Körper, Geist und Seele zusammengehören.

Die Weissagung des Mädchens war also bald in ganz München bekannt. Alle drei Stände (da haben wir es: Drei!), Adel, Geistlichkeit, Bürgerschaft, beteiligten sich an dem Bau.

Und die Stadt blieb heil. Wen wundert das.

1716 war die Votivkirche vollendet. Viscardi hatte sie entworfen, Zuccali und Ettenhofer ausgeführt.

Die Kirche ist an einem wahrhaft magischen Ort errichtet, man spürt die Kraft sofort. Wer sich für Einweihungswissen interessiert, der soll sich nach dem Eintreten in den (drei-gestalteten!) Kirchenraum nach hinten wenden und das Gemälde über dem Portal studieren. Was bedeutet in diesem Zusammenhang »Abyssus«!

Maria Anna Lindmayr wurde später Nonne im nahe errichteten Karmelitinnenkloster. So hatte sie aus ihrer ureigensten Berufung einen Be-Ruf im wahrsten Sinne des Wortes gemacht.

Der selige Bischof Graber berichtet: »Ihr Tod rief allgemeine Bestürzung und Trauer hervor (...) Aber auch jetzt noch blieben die außerordentlichen Erscheinungen...« (Privatdruck über Anna Maria Lindmayer). Sie war von den Stigmata gezeichnet und verweste nicht : Sagenstoff, der von drei damaligen Hofärzten festgestellt wurde!

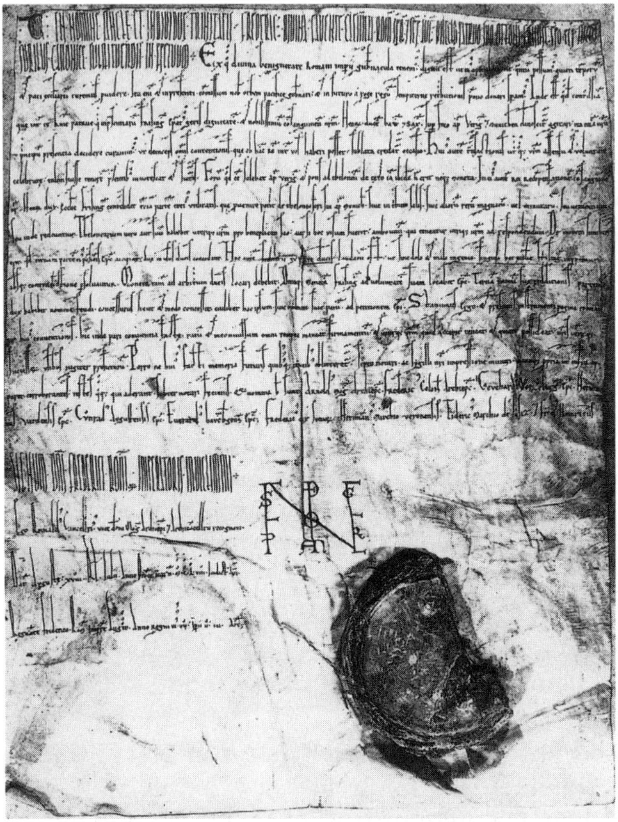

Die Gründung Münchens haben wir schwarz auf weiß beurkundet. (Gründungsurkunde der Stadt München vom 14. Juni 1158, Bayerisches Hauptstaatsarchiv München)

Historische Sagen

Der Mönch im Wappen

oder:

Wie der Name »München« entstand

Ganz oben auf der Spitze des Rathausturmes steht das Münchner Kindl und schaut mit mönchischer Gelassenheit auf die wechselnden Geschicke der Stadt herunter.
Man findet diesen »Mönch im Wappen« auf jeder Straßenbahn, jedem Feuerwehrauto, auf den Ärmeln der Münchner Polizisten und Bademeister, auf den Fahrzeugen der Städtischen Bestattung und auf den Briefbogen der Ämter der Landeshauptstadt München.
Das hängt zusammen mit einer alten Mönchssiedlung an der Isar, »Bei den Mönchen« genannt, aus der dann, ab 1158, allmählich unsere Stadt München erwachsen konnte.
Bei den Mönchen? Das waren damals Benediktinermönche, die eigentlich nach Schäftlarn gehörten.

Was ist schon Zufall!

Wie oft sind wir geneigt anzunehmen, dass die Dinge des Lebens, die uns begegnen und unser Dasein bestimmen, dass diese »Realitäten« einer Willkürlichkeit des Seins entspringen, einem Puzzle-Spiel, das die Schöpfung mit uns spielt und das wir eben zu ertragen haben.

Man ahnt bereits, dass mehr dahinter steckt bei all dem, was so alles passiert und was wir so leichtfertig Zufall nennen, man ahnt es, sonst würde man sich nicht in dem gezeigten Maße für das Thema »Sage« interessieren.

Und so waltete das innere Uhrwerk der Geschichte auch in der Zeit, da die Kunde von den Greueltaten des wilden Reitervolkes der Hunnen im Osten Bayerns bis in jenen entlegenen Winkel drang, Schäftlarn genannt im Isartal, wo in gottergebener Abgeschiedenheit und Ruhe die Benediktinermönche ihrem »Ora et labora« nachgingen.

Eilig versammelten die frommen Männer sich nun, nachdem die Botschaft von den Schrecknissen ihr Ohr erreicht hatte, und sie hielten eifrig Rat, was in solch schwieriger Lage wohl zu tun sei?

Beten allein, das schien hier nicht auszureichen. Und so war es auch. Man ratschlagte weiter, sah dann aber ein (schließlich handelte es sich um Mönche), dass, wie immer man sich entschlösse, letztendlich doch der Wille der höheren Macht geschehen würde.

»Hilf dir selbst, dann hilft dir Gott«, so ungefähr lautete der Grundtenor der Verhandlungen.

»Man möge sich in der Wildnis ringsum verbergen«, meinte einer. »Man möge ruhig dableiben, das Kloster läge eh so versteckt«, so ein anderer. »Unser Kloster liegt so verborgen in der Senke, dass niemand es aufspürt«, argumentierte derselbe weiter, fand aber nicht den Konsens aller.

So ging es hin und her. Schließlich hatte einer die alles entscheidende Idee: »Jeder soll tun, was er will.«

Oh ja, das war es. Der Abt hatte gesprochen. Jeder solle tun, was er selbst für richtig hielte. Denn in eines jeden einzelnen Handeln träte der Wille Gottes erneut zutage.

»Wer bleiben will, bleibt; wer gehen will, geht!«

Ist es nicht wunderbar, zu welcher Erleuchtung der weise Benediktinerabt zu jener Zeit kam und damit – wir wissen es heute – die Geschicke der ersten »Stadtgründung« vorwegnahm?

»Es muss ein jeder das machen, was ihm ganz persönlich für wichtig erscheint«, so sprach es durch ihn. Und seine Mönche handelten also.

Einige verließen das Kloster, zogen ein Stück isarabwärts und versteckten sich dort in einer wilden, unbesiedelten Gegend.

Hier bauten sie sich auch eine kleine Hütte, das erste Haus Münchens sozusagen, wo sie in Frieden mit sich selbst und mit anderen Gott dienen konnten und nicht ständig Angst haben mussten.

Das Münchner Kindl ist ein Benediktinermönch. (Stadtwappen von Erasmus Grasser, Münchner Stadtmuseum)

Der Krieg des Kaisers mit den Hunnen forderte lange, schwere und blutige Kämpfe. Schließlich aber gelang es, das Reitervolk zu vertreiben. In Bayern herrschte Friede.

Nun erst wagten die geflohenen Benediktiner, in ihr Stammkloster Schäftlarn zurückzukehren. Was fanden sie vor?

Die Vorsehung hatte sich erfüllt: Das Stammkloster war nichts mehr als ein verkohlter Trümmerhaufen.

In dankbarer Demut gedachten die Überlebenden der Richtigkeit ihres damaligen Handelns, nämlich isarabwärts sich zu verstecken. Ganz sicherlich hatten die Mönche, die noch dageblieben waren und somit umgekommen, ebenfalls tunlichst auf Gottes Willen gehört; die Überlebenden aber, die in der Gegend des heutigen München sich verbargen, – die hatten eben noch besser hingehört!

Ist es nicht so, dass zumeist der, der faul ist, der dem Seienden anhaftet und nicht umdenken kann, dass gerade dieser die Sprache seines Schöpfers am ehesten überhört?

»Ursache allen Leidens ist die Anhaftung«, sagt Buddha. Die dagebliebenen Benediktiner hatten wegen ihrer »Anhaftung« sterben müssen. Aber wie hätten sie erfahren sollen, was Buddha vor ihnen dachte!

Gott spricht zu uns zunächst leise und sanft, bei schlechtem Zuhören dann lauter, wenn einer aber gar nichts hören will, dann tönt die Stimme des Herrn laut wie der Donner. Das kann zuweilen tödlich sein, wenn die letzte Chance zur Einsicht vertan wird. Denn die Stimme des Schöpfers ist die der Vernunft, auch Heiliger Geist genannt, und vor einem mordbrennenden Hunnenreitervolke nicht zu fliehen, das war nun einmal gegen alle Regeln des Geistes, auch des Heiligen. Und gegen die Vernunft oder den gesunden Menschenverstand war es allemal.

Die Überlebenden trauerten also um ihre erschlagenen und verbrannten Brüder, bauten das Kloster wieder auf und bewirtschafteten die Zufluchtsstätte an der Isar auch weiterhin. Der Ort wurde von der Bevölkerung deshalb »Bei den Mönchen« geheißen. Die Hütte der Benediktiner soll sich, der Sage nach, in etwa bei der Hochbrücke im Tal befunden haben.

Mit dieser Ur-Gründung Münchens durch Mönche hängt auch eine andere Sage zusammen: So soll, bei der »richtigen« Gründung Münchens 1158 durch Heinrich den Löwen, im Zuge der Erdarbeiten für neue Bauwerke ein noch blutender Kopf eines Mönches gefunden worden sein!

Nun, diese Schauersage geht sicherlich auf den »mönchischen« Ursprung Münchens zurück, das, bei so frommer Vorgeschichte, eigentlich auch eine recht fromme Stadt sein müsste. Und davon kündet bis heute (nun wissen wir, warum) der Mönch im Wappen, halt unser ***Münchner Kindl.***

Unser König Ludwig II. spukt immer noch im Nymphenburger Schloss umher!

Die Achsensymmetrie, die den französischen Teil des Nymphenburger Parks auszeichnet, also den Teil des Kanals bis hin zu den Kaskaden, diese Spiegelung findet im Schloss ihren Brennpunkt und setzt sich in östlicher Richtung fort mit den beiden »Auffahrtsalleen«, der Südlichen und der Nördlichen und dem Kanal in der Mitte, der sich bis zum »Kessel« hin fortsetzt und seit den fünfziger Jahren vom Hubertusbrunnen des Bildhauers Hildebrandt gekrönt wird.
So ist das Schloss aus beiden Richtungen von weitem her schon zu sehen und allemal einen Ausflug oder eine Besichtigung wert.

Nicht weniger bekannt ist und bleibt unser ewig junger König Ludwig, der später gar so jämmerlich im Starnberger See ertrank. An dieser Stelle, da es geschah (bei Berg, unterhalb einer heutzutage zum Gedenken errichteten nibelungischen Andachtskapelle), steht »das Kreuz«, das seiner auf ewig gedenken soll.

Und die Legenden, Geschichten und Mutmaßungen über den gewaltsamen oder sanften Tod Ludwigs, die gehören allemal bereits ins Reich der Sage.

Wir aber bleiben im »Schloss Nymphenburg«, denn hier ist Ludwig geboren. Sogar viele seiner tiefen Verehrer wissen es nicht immer sofort, wo denn der Märchenkönig das Licht der Welt erblickte: Hier nämlich, am Geburts- und Namenstag seines Großvaters Ludwig I., wurde der

»Unser König Ludwig«, der hier als stolzer und schöner Mann hoch zu Roß sitzt, wurde im Nymphenburger Schloß geboren, allwo sein Geist heute noch herumirrt.

später so unglückliche Monarch am 25. August 1845 in die Götterdämmerung entlassen.

Nun ist dessen sagenhaftes Leben, eine Hinneigung zur Weltflucht und zu den vergötterten Klängen Richard Wagners, längst selbst schon Sage und »Stoff«, aus dem die Träume und die Kitschfilme bestehen.

»Unser König Ludwig«, der war halt wahrscheinlich ein ganz und gar unglücklicher Mensch, weil er kaum einen in die Welt, die sich in seinem Kopf drinnen abgespielt hat, hineinlassen konnte. Sieht man ihn doch auf keinem der Fotos und keiner der vielen Abbildungen, die es von ihm gibt, lächeln, gar lachen oder wenigstens zufrieden oder wissend dreinschauen.

Der Sage nach soll dieser König, der in den Köpfen so vieler »Ja, früher...!«-Bayern herumspukt, selber als Spuk im Schlosse herumgehen.

Die Besucher der großen Galerie über dem Eingangskorridor im oberen Stockwerk hören bisweilen schwere Schritte, auch einmal ein Seufzen oder Stöhnen:

»Das ist er!«

»Der Ludwig?«

»Ja, hörst'n net?«

»Doch-doch!«

Tatsache ist und bleibt, dass dieser Märchenkönig nun wirklich nicht umzubringen ist.

Warum auch sollte er »sterben« in der Erinnerung, in der Legende und den vielen Spekulationen um sein spektakuläres Leben und Sterben?

Vermutlich ist er unter allen Spukgestalten der Welt eine der lebendigsten.

Und, durch den Filter vieler Jahrzehnte gesehen, eine der sympathischsten.

Was wären wir ohne ihn.

Münchner Originale, Viecher und Ur-Viecher

Diez von Schaumburg

Um das Jahr 1250 schrieb Werner der Gärtner die Bauernnovelle »Meier Helmbrecht«. Es ist die Zeit des Raubrittertums, da der ehedem an inneren und äußeren Werten reiche Ritterstand durch das Hochkommen der begüterten und Einfluss nehmenden Bürgerschicht (es passierte gar eine Art Vorkapitalismus) zusehends an Wichtigkeit verlor.
Es ist die Zeit der ersten Landesteilung in Oberbayern und Niederbayern, die Zeit, da 1313 Herzog Ludwig bei Gammelsdorf über die in Niederbayern einfallenden Österreicher siegt und 1340 das geltende Recht der Stadt München aufgezeichnet und sanktioniert wird, so wie das Landesrecht für Oberbayern 1336.
In diese sagen-umwobene Raubritter-Zeit hinein ist die Sage vom wilden, aber herzensguten Diez von Schaumburg (Diez Swinburg) angesiedelt, der dann wegen seines Tuns, wie wir sehen werden, prompt hingerichtet wurde. Wo, das ist nicht recht bekannt. Das Hochgericht lag außerhalb der Münchner Stadtmauer, der Galgen in der Nähe der Hackerbrücke, die Köpfstätte in der Nähe des Starnberger Bahnhofs und der Militärgalgen in der Nähe der Zweibrückenstraße.
Das Baureferat des Roten Kreuzes zu München benutzt heute noch eine seltsame Landkarte bei neuen Bauvorhaben: »Hinrichtungsstätten in Bayern«. Das hat seinen Grund: Damals war die Menschheit, was Bauplätze betraf, gescheiter und wissender. Niemals hätte man da ein Wohngebäude errichtet, wo vorher eine Richtstätte war. Deshalb blieben diese Henkersplätze stets außerhalb der (damaligen) Städte. Heute ist das Wissen um magische, gute und schlimme Plätze verloren. Wer kann auf Dauer in einem Neubau, der auf solchem Platze steht, gesund bleiben! Keiner.
Wenigstens das Rote Kreuz richtet sich nach dem alten Wissen und plant keinen Neubau da, wo dereinst Menschen gewaltsam den Tod fanden.

Man möge es mir glauben oder nicht. Aber glaubt es mir: Diese unglaubliche und das Herz rührende Geschichte von der Treue des edlen Herrn zu seinen ergebenen Knechten hat sich dazumal der Sage nach wirklich so zugetragen:

Der brave Ritter Diez von der Swinburg, auch Ritter von Schaumburg genannt, diente seinem Herrn, dem Kaiser Ludwig dem Bayern, treu und tapfer. Er war nicht nur von männlicher und kraftvoller Gestalt, sondern hatte auch einen furchterregenden Blick und ein stolzes Äußeres, dieweil auch seine Herzensgüte und Fürsorge für seine Gefolgsleute gerühmt wurden.

Seine Freunde und Mitstreiter bewunderten, seine Feinde, die alleweil auch des Kaisers Feinde waren, aber fürchteten seine Fechtkunst, seine Kraft und seinen Zorn im Streit mit dem Schwerte. Auch fürchteten sie seine List als Anführer eines Kriegshaufens, zudem, im gnadenlosen Kampfe Mann gegen Mann ward seine hohe Kunst, die Waffe zu führen, weithin geachtet und bekannt gemacht. So war es also nicht verwunderlich, dass Diez in der berühmten Schlacht von Ampfing als einer der tapfersten aller gar selbst viele Feinde erschlug und, mit seinen Mannen, die anderen so zu Haufen jagte, dass sie nimmermehr gesehen wurden. So trug er zum glänzenden Sieg seines Kaisers und dessen Heeres ein erklecklich Anteil bei und mehrte damit Ruhm und Glanz des Bayern auf dem Kaiserthron.

Dieser wusste die Verdienste Diezens wohl zu schätzen und zu würdigen und lobte den furchtlosen Ritter vor dem ganzen Heere und zeichnete ihn vor allem Volke mit seiner Huld und mit Beweisen seiner Gunst aus.

Aber ach: Lob, Huld und Gunst sind manchmal schnell vergeben, Gegenlohn und klingende Münze aber schwer zu erlangen.

Des Kaisers Dank sprang diesem leicht von den Lippen, jedoch das Geld aus der Reichskasse floss schon bald nach

Diez von Schaumburg (Swinburg) war Raubritter und deshalb bestimmt nicht bei höfischen Turnieren zu sehen. Hat er nicht im Sterben alle Tugenden seines früheren »klassischen« Rittertums bewiesen?

der Schlacht nur zaghaft und spärlich und endlich gar nicht mehr. Um es kurz zu sagen, der Lohn in Heller und Pfennig blieb aus, denn des Kaisers Beutel war schmal. Den Sold von etlichen hundert Pfennigen, den der Kaiser dem Diez Swinburg schuldete, konnte dieser nicht kriegen. Und so grollte er seinem kaiserlichen Herrn. Dazu hatte er freilich allen Grund, denn wer kämpft schon allein für Ruhm, Ehre und Vaterland, wenn er nicht auch einen zählbaren Vorteil einheimsen kann. Auch hatte er ja die Seinen zu ernähren und zu kleiden, seine Burg zu erhalten und zu festigen, die Schuld für Waffen, Kriegergerät, Pferde und Verpflegung seines Gefolges zu bezahlen. Vieles musste ausgebessert und erneuert werden. Schließlich wollten sich auch Frau und Töchter im Glanz ihres heldenhaften Herrn und Vaters sonnen und bedrängten ihn gar sehr um Schmuck und prunkhafte Gewandung.

Dazu harrten seine tapferen Getreuen ihres in heißer Schlacht verdienten Lohnes und jammerten nicht schlecht.

Der um seinen Sold betrogene Ritter zog sich verbittert in seine düsteren Burggemächer zurück und sprach mit niemandem mehr. Nicht einmal seine edle Frau und seine Lieblingstochter durften zu ihm. Auch aß er nichts, denn es gab sowieso nicht mehr viel zu knabbern.

Wenn es ihn dürstete, trank er Wasser, Wein war schon längst alle geworden.

Nur sein Hund lag ihm stets zu Füßen und jaulte manchmal gottsjämmerlich im Schlafe, wenn auch ihm der leere Magen knurrte.

Der Ritter aber spann düstere Gedanken vor sich hin und sann nicht nur über den Undank der Welt und des Kaisers nach, sondern er grübelte und grübelte, wie er der gegenwärtigen Lage Abhilfe schaffen konnte.

Nach einer Woche des Fastens, des Grübelns und des Pläneschmiedens stand er von seinem Stuhle auf und sprach also zu seinem Hund, der ja seine einzige Gesellschaft war: »Hilft dir der Kaiser nicht, so hilf dir selbst, denn dann hilft dir Gott!«

Das meinte und glaubte er und so handelte er.

Alsdann rief er seine Frau, seine Töchter und seine Ratgeber zu sich, ließ darauf seine tapferen Getreuen in der Burg um sich versammeln und sprach zu ihnen in folgender Weise: »Ich habe für unseren geliebten Kaiser mein Leben eingesetzt. Ihr habt desgleichen getan, und manche von euch haben schlimme Wunden davongetragen. Einige sind nicht mehr unter uns, weil sie für den Kaiser ihr Leben gelassen haben, und niemand sorgt für ihre Hinterbliebenen. Nun aber hat der Kaiser mich schmählich im Stich gelassen und verweigert gar den gerechten Sold.

Mein Beutel ist leer und Küche, Keller und Kammern auch. So kann ich euch nicht geben, was ihr verdient, und muss mich mit leeren Händen und in Betrübnis von euch scheiden, denn von meinem Dank allein könnt ihr nicht leben.

Ich habe aber nachgedacht und weiß einen Weg, wie wir gemeinsam die Zukunft meistern können.«

Dann gab er ihnen seine geheimsten Gedanken und Vorhaben preis und redete so: »Wer nicht bei mir bleiben will, der sei meines Dankes sicher und ziehe seiner Wege. Er hat meinen Segen und vielleicht hilft Gott ihm weiter. Wer aber mit mir kommen will, der bleibe!«

Da zogen etliche mit diesen oder jenen Worten oder stumm oder mit Tränen oder mit Verwünschungen ab. Nur seine allertreuesten, mutigsten und streitbarsten Knechte blieben.

Dies trug er vor, dass er durch des Kaisers Undank so in Schulden verfallen war, dass seine Gläubiger ihm, dem tapferen Ritter Diez, seine gesamte Habe hinweg getragen haben. Und darum ging es ihnen, seinen Gefolgsleuten, ebenso schlecht.

Vielen seiner Art ginge es genauso und deshalb bliebe ihnen nichts anderes, als sich vom Straßenraub zu ernähren.

»Einen besseren Rat weiß ich nicht, und auch ihr könnt mir keinen besseren erteilen! So wollen wir gemeinsam nach dem Spruche handeln:

›Reiten und rauben sind keine Schande,
das tun die besten im Lande!‹«

Dem stimmten alle trotzig zu und glaubten zusammenhalten zu sollen wie Tod und Teufel und fechten, rauben und brandschatzen zu müssen.

Und so geschah es.

Von der Burg des Ritters Diez aus konnten sie vier Heerstraßen übersehen. So ward er und sein Haufen alsbald zum Schrecken aller Fuhrleute und Kaufherren, die des Weges zogen und Wagen und Gut verloren. Dem Ritter

Diez von Swinburg oder Schaumburg und den Seinen und seinen raubhaften Gesellen kamen herrliche Zeiten, und sie feierten ihre Raubzüge und völlerten und kleideten sich in Samt und Seide und behängten sich und ihre Frauen mit Gold, Silber, Perlen und Diamanten.

Fürderhin aber wurden sie immer verwegener und dehnten ihre Raubzüge stets mehr und weiter aus. Diez trieb aber das Ding so arg, dass der ganze Handel des Landes durch ihn in Gefahr kam.

Darob verklagten ihn beim Kaiser die freien Reichsstädte Augsburg, Nürnberg, Donauwörth und Rothenburg, dazu auch Weißenburg und Schweinfurt.

Der Kaiser, als der Städte besonderer Freund und Schirmherr, erließ ein strenges Mandat gegen den Landfriedensbrecher. Ritter Diez von Swinburg ward geächtet und mit Fehde überzogen. Nach tapferem Widerstand fiel er mit seinen vier besten Knechten lebendig in die Hände von Münchner Bürgern, die ihn gefangen nach München brachten.

Der Urteilsspruch gegen alle fünf lautete auf Tod durch das Schwert. Diez Swinburg hätte sich an die Gnade des Kaisers wenden können, in dem das alte Wohlwollen gegen ihn noch nicht erstorben war, dieweil er sich auch noch in der Schuld des Ritters wusste. Aber Diez tat es nicht. Hingegen bat er die Richter inständig um Gnade für seine vier Gesellen, die nur durch ihre Treue zu ihm ins Unglück geraten seien, einer zumal, der ein junger und schöner und kühner Mann war, mit Namen Georg.

Die Richter aber sprachen Nein dazu. Da tat Swinburg noch ein letztes Bitten, so flehentlich, dass es aus dem Munde des alten Kriegers männiglich zu Herzen gehen musste: Bei den Hinrichtungen sollte man ihn und seine Knechte in eine Reihe stellen und ihn als ersten enthaupten; an welchen seiner Knechte er dann mit abgeschlagenem Haupt noch vorüberlaufen könnte, die wolle der Kaiser dann begnadigen.

Das ward dem Kaiser angesagt, und er gewährte es, so wunderlich das Ding auch klang.

Da ward Diez Swinburg getrost und er kniete nieder, aber dergestalt, dass er nur das eine Knie beugte, das andere jedoch zum Sprunge angespannt hielt.

So legte er das Haupt auf den Block.

Der Henker ließ ihn mild gewähren, hatte er doch allerweil mit dem ersten Schwerthieb den Kopf vom Rumpf getrennt. So schlug er auch diesmal mit aller Macht zu. Als aber das Schwert auf den Block klirrte und des Ritters Kopf zu Boden rollte, da erschrak der Scharfrichter so, dass ihm sein Schwert aus den beiden Händen fiel.

Im selben Augenblicke sprang der Ritter ohne Kopf nach vorne und lief mit wenigen Sätzen an allen vier Gesellen vorüber, bis er nach dem letzten zur Erde niederfiel und tot liegenblieb.

Da sank der anwesende Pfaffe ob des Wunders betend auf die Knie, und die vier Knechte taten es ihm nach und alles Volk umher. Insbesondere der schöne Georg, der Dankgebete stammelte und heiße Zähren vergoss. Dernach wurde Diez an Ort und Stelle vergraben.

Seine vier Knechte aber wurden treu dem gegebenen Worte des Kaisers begnadigt und gingen frei aus.

Sie raubten und stahlen von nun an nicht mehr, sondern taten Buße und wurden fromme Männer.

Das Wurmeck

An dem Eckhause in der Weinstraße zum Marienplatz befand sich ein Bild, das einen Lindwurm darstellte, in greifenähnlicher Gestalt. Man findet einen lebensgroßen Lindwurm heute noch direkt über dem Eingang eines bekannten Sportgeschäfts links am Rathauseck. – Übrigens ist dies ein besonderer »magischer Ort«, genau an diesem Eck spürt der Kenner die Energie auffallend stark und aufladend. Einer der wenigen Plätze auf dem Marienplatz »zum Wohlfühlen«, die hier oft zahlreich versammelten Stadtstreicher wissen das. Ansonsten bleibt der Marienplatz von den Energien her recht uninteressant, eigenartigerweise.
Zurück zu dem majestätischen Wurm, der sich hier über dem Eckportal windet: Darüber wird nun folgende Sage erzählt:

Plötzlich verfinsterte der Himmel sich über München. Die Leute blieben vor Schreck stehen, ließen die Gerätschaften fallen, die sie eben noch festgehalten hatten, ihre Kinder aber packten sie um so fester an den Händen und blickten entsetzt nach oben.

Da aber flog ein schreckliches Ungetüm, ein Drache, wie man ihn sich scheußlicher überhaupt nicht vorstellen kann; der blies seinen schwarzen Pesthauch über die Stadt hinweg, alsdann die Menschen mit Beulen und mit Eiter gespickt heimliefen, um dort, auf ihren Lagerstätten, elendiglich zu sterben. Der Pesthauch des Wurmes kroch in die entferntesten Winkel und Ecken, kein noch so fest gefügtes Gemäuer war vor ihm sicher. Und dieser Wind des Grauens brachte nie etwas anderes als Siechtum und Sterben, er riss Kindern die Eltern weg und nahm wiederum verzweifelten Elternpaaren ihre Kleinen, er trug Liebenden den allerliebsten Partner fort, und all dies Greuel, das unter Menschen hinein getragen wurde, es geschah mit einem hundsföttischen Lachen des teuflischen Pestbringers in den Lüften.

Du siehst das Wurmeck und den abscheulichen Drachen, der den Pestatem speit, heute noch am südwestlichen Teil des Rathauses, direkt über dem Eingang zu einem Sportartikel-geschäft.

Die Zeit der Begebenheit wird nicht näher angegeben, wahrscheinlich aber ist es in dem fünfzehnten Jahrhundert geschehen, als der »Schwarze Tod« die Stadt entvölkerte.

Eines Tages aber, da ließ das schmutzige Untier sich nieder auf dem Schrannenplatze vor der Hauptwache. So schnell sie es zu tun vermochten, brachten die Männer der Hauptwache ein schweres Geschütz in Stellung, und der Hauptkanonier zitterte nicht wenig, wusste er doch nur allzu gut, dass der allererste Schuss ins Herz gehen musste.

Denn es lässt sich leicht ausdenken, was geschehen wäre, hätte er daneben gezielt und das ruhende Pestmonster durch den lauten Krach der Kanone lediglich in Aufruhr versetzt.

Er wandte also alle seine Kunst an und bat inständig eine höhere Macht, doch bitte diese eine Kanonenkugel ganz genau ins Ziel fliegen zu lassen.

Und der liebe Gott tat, was er immer tut, wenn man ihn aufrichtig bittet, dem Teufel eins auszuwischen.

Der wackere Schütze sah, durch den Pulverdampf vor dem Geschotzrohr hindurch, dass der getroffene Pestdrache aufheulte, zuckte, sich wie eine Feuersäule emporwand und schließlich tot und schwer auf das Kopfsteinpflaster fiel.

Von dem Moment an aber war die Münchner Stadt vom Pestatem befreit und ist es, so Gott will, bis heute noch und in alle kommenden Zeiten hinein.

Die diebische Dohle

Wer es in München vornehm will und »dabei sein«, der verspeist seine Weißwürste beim Franziskaner. Er kann dabei in der Residenzstraße der Post gegenüber sitzen, Passanten, Möchtegerns und Bedienungen begaffen und neuerdings sogar starrsinnige Radlfahrer über die aufs Pflaster gemalten Radwege preschen sehen.

Betrachtet er das Haus, aus dem ihm die Bedienung Leberkäs und Weißbier bringt, sollte er folgende Zeilen aus einem alten Buch gelesen haben:

»Auf dem Hause in der Residenzstraße, das sonst ›zum Franziskanerbäcker‹ hieß und der Post gegenüber liegt, steht droben am Dache ein Windfähnlein, das die Gestalt eines Vogels zeigt, mit ausgebreiteten Flügeln und einem Ring im Schnabel.«*

Hier wiederholt sich also das Motiv von dem diebischen und in glitzernden Schmuck verliebten Vogel sowie die erschütternde Erzählung von dem ungerechtfertigten Verdacht, wie sie uns auch in der Sage vom »Schönen Turm, dem Goldschmied und der diebischen Dohle«** begegnet, nur Gott sei Dank auf launige Weise.

Keine Angst, lieber Leser: Diesmal kommt niemand zu Tode.

Aber fast – und das war so:

Denn so vornehm, wie sich die »Tellerfleisch-Gesellschaft«, die heutzutage beim Franziskaner mit handverlesenen Spezln tafelt, selbst dünkt, so vornehm ging es in diesem Hause in früheren Zeiten tatsächlich zu.

Da wohnte also, lang, lang ist's her, an jenem Orte eine recht vornehme Herrschaft. Und bei vornehmen Herr-

* Helene Raff, So lang der Alte Peter, München 1923, S. 56.

** Siehe S. 121ff.

schaften, wie sie vor allem in Bogenhausen oder in Nymphenburg ansässig waren (und sind) in ihren »Stadtvillen« oder wohlbestellten Bürgerhäusern, da putzt die Hausfrau ganz bestimmt nicht selber! Sie geht auch nicht selber einkaufen und Besorgungen machen, bügelt nicht und kocht nicht, bringt nicht einmal ihre eigenen Kinder selbst ins Bett, sondern gibt diesen bestenfalls einen Gute-Nacht-Kuss mit in den Schlaf der Privilegierten.

»Oh«, wird so mancher ausrufen, »waren das Zeiten!« Zeiten schon. Aber doch nur für recht wenige. Oder kann man sich die Dame des Hauses beim Fensterputzen vorstellen! Sicher nicht. Dazu gab es Dienstpersonal. Das wohnte zumeist an derselben vornehmen Adresse, hauste oftmals auch gar nicht so schlecht, wie man meinen mag, und hatte eben alles zu »besorgen«.

In diesem Hause also, der Post gegenüber, wohnte eine junge, rechtschaffene Dienstmagd bei ihrer Herrschaft, die hatte nicht nur die verschiedensten Verrichtungen auf sich zu nehmen, sondern letztendlich auch eine ungeheuerliche Beschuldigung mit sich herumzutragen. Davon will die Geschichte erzählen.

Die Magd wird als williges, fleißiges Mädel geschildert, von jedermann wohlgelitten. Willige und fleißige Mädchen sind in dieser Zeit oft (man weiß es aus Romanen) Gärtnerstöchter, so war es auch hier. Durch eine Nichte der Herrschaft, mit der sie gemeinsam die Klosterschule St. Jakob am Anger besucht hatte, war das fleißige Wesen ins Haus dieser gehobenen Bürgersleute gekommen. Durch eine »Beziehung«, sozusagen.

Das rechtschaffene Ding, gar lieblich von Anblick, kam nun durch jene Verfilzung von Tatsachen, die wir eine Verflechtung unglücklicher Umstände nennen mögen, in arge Bedrängnis. Denn nicht nur einmal kamen bei ihrer Herrschaft wertvolle Schmuckstücke abhanden.

Gut, gut, mag man hier einwerfen, das soll die verschiedensten Gründe haben, vielleicht steckt auch lediglich bloße Schlamperei dahinter. Aber, wie das so ist: Ein schales Gefühl bleibt immer zurück, wenn etwas fehlt. Weil eben dann schnell auch das Vertrauen fehlt.

Nun aber geschah folgendes. Die Hausfrau vermisste plötzlich einen wertvollen Brillantring, von dem sie genau wusste, sie hatte ihn eben noch auf das Fenstersims gelegt. Und noch eines wusste sie ganz genau: Niemand als des Gärtners Tochter hatte in der Zwischenzeit das Zimmer betreten. So war es auch, denn die Dienstmagd hatte tatsächlich in dem Raume zu schaffen gehabt.

Die Wolken verdunkelten sich. Und wie ein schwarzer Schlagschatten fiel der Vorwurf des schweren Diebstahls auf das junge Ding.

Dieses wohnte soeben dem Jahresfest der Gärtner bei und verweilte zu diesem Zwecke im Wirtshaus zur Kalten Herberge. Und schon kamen Gerichtsdiener, verhafteten die Unglückliche und warfen sie ins Gefängnis.

Das ging damals etwas formloser zu als heute. Und ihre Rechte hat ihr bei der Verhaftung auch keiner vorgelesen. Doch das Recht suchte sich seinen Weg und fand ihn auch.

Wer damals ernst genommen werden wollte bei seiner Aussage für oder gegen jemanden, der musste »etwas sein«. Das ist gewiss heute noch so, damals jedenfalls war es von großem Vorteil in Sachen Glaubwürdigkeit, wenn man sich dem Stande der Geistlichkeit zugehörig zählen durfte.

Und das Schicksal wollte es, dass die junge Gärtnerin zwei rechtschaffene Fürsprecher fand, die durch hohe soziale Stellung ihren Worten gewichtigen Ausdruck verleihen konnten: Das waren zwei Brüder aus altem und angesehenem Geschlechte, der eine war ein geistlicher Rat, der andere war ein Domherr. Diese beiden Würdenträger hatten in der Vergangenheit nun oftmals, wie das so die Art fein gesitteter geistlicher Herren ist, das junge Mädchen bei ihren Verrichtungen heimlich beobachtet und sich so von ihrer Sittlichkeit ein abgerundetes Bild verschafft.

Oh, wie hatten sie sich an der »emsigen und sittigen« Art ergötzt, wenn sie aus dem Hintergebäude des Franziskaner, schräg gegenüber, auf das wohlgestaltete Geschöpf lurten, zum Beispiel wenn dieses sich anmutig bückte, um einen Eimer auszuleeren. Und jener Inkarnation irdischer Lieblichkeit sollte jetzt der Prozess gemacht werden!

In den beiden Genießern erwachte eine Mischung aus schlechtem Gewissen, Verlustangst und Beschützerinstinkt. In der Überlieferung wird dieses Gefühlsgemisch »Mitleid« genannt.

Sie sahen also wieder auf den Hof hinab, vermissten das Mädchen, das, so hieß es, eben zur Folter gebracht ward, und beobachteten einen Maurer, der das schadhafte Dach ausbessern wollte, beim Kalkmischen.

Als dem ein goldener Pfennig auf die Kalkschaufel fiel, hielt er es für ein Geschenk der beiden Alten und lüpfte dankend die Mütze.

Zugleich sahen die beiden so ganz und gar zu Unrecht mit liebenswürdigem Dank bedachten Herren, dass ein schwarzer Vogel mit eben so einer Goldmünze im Schnabel aus dem halboffenen Herrschaftszimmer, das ihnen gegenüberlag, flog.

Oh, da ahnten sie schon, was für unglückliche Umstände das Mädchen, das sie so oft und so gerne mit Wohlwollen betrachtet hatten, ins Verderben reißen sollten!

Sofort eilten sie zum Gericht - wie gesagt, man schenkte ihren Worten ob der hohen Ämter größte Bedeutung -, und sie trugen mit Leidenschaft ihren Verdacht gegen den Vogel vor.

Sofort eilte eine Gerichtskommission in das betreffende Haus und wurde in dem Moment Zeuge, wie die Dohle schon wieder eine Münze »stahl«.

Inzwischen war der Maurer aufs Dach gestiegen, fand das Dohlennest und eine Menge weiterer Schaumünzen, dazu eine im Flug zusammengetragene Kollektion von Schmuck und auch den so nachdrücklich gesuchten Brillantring.

Da war die Unschuld der Gärtnerstochter erwiesen.

Sie musste nun einen wahren Schwall von Entschuldigungen über sich ergehen lassen, gottlob hatten alle an dieser Afläre Beteiligten die innere Größe, dass sie ihr Fehlverhalten und ihre vorschnelle Verurteilung eines »Sündenbocks« auch eingestanden.

Aber es war ja noch nicht zu spät. Sogar der Kurfürst und seine Gemahlin ließen sich die Gerettete vorstellen, die von der Folter lediglich ein paar Schrammen davongetragen hatte.

Zum Andenken an dieses Ereignis wurde damals auf dem Dachgiebel des »Franziskaner«-Hauses eine Dohle mit einem Ring im Schnabel dargestellt.

Der Türmer und der Komet

»Solang der Alte Peter...« Die Peterskirche in München, der berühmte Alte Peter also, ist nicht nur durch die Besonderheit der acht Uhren bekannt sowie das hohe Alter und ein weit über Münchens Stadtgrenzen hinaus klingendes Lied im Dreivierteltakt, das den Turm besingt.
Diese Popularität hat ihren Grund, denn man sieht die unverwechselbare Kirche schon vom Marienplatz her und braucht dann nur noch einige Schritte zu gehen. Die gesamte Anlage des etwas düsteren und gar nicht so »gemütlichen« Gotteshauses steht auf einem uralten »Kraftplatz«, dem Petersbergl, – was vor allem den umliegenden Geschäften zugute kommt...
Bereits aus dem Jahre 1318 ist eine Geschichte bekanntgeworden und später erzählt und getreulich aufgeschrieben, die handelt gar von einem Kometen über München, sodann vom Türmer Lebrecht. Und alles spielt sich ab auf und um den Turm herum, dem Turm vom »Alten Peter« halt.

Das geschah also zu Kaiser Ludwigs Zeiten, man schrieb eben dies Jahr 1318, und auf dem Turme von St. Peter lebte jener Türmer, der Lebrecht hieß. Nun hört, dieser Lebrecht gehörte zu dem auch heute nicht seltenen Menschenschlage, dem stets das Geld im Säckel knapp ist.

Wer weiß, wie's kommt. Haben diese Menschen etwas, dann geben sie es auch gleich wieder aus und das oft gar zu schnell, haben sie nichts, dann ist da ein großes Wehklagen, weil die Mittel für den Lebensunterhalt hinten und vorne nicht ausreichen.

Nun wurde, oh weh!, auch noch das Mütterchen des in Finanzdingen so unbedarften Lebrecht krank.

Was sollte er machen? Er wollte Geld. Aber er hatte keines. Also ging er hin, seinen Türmerlohn im voraus zu erbitten.

Auch das half nicht viel. Arm blieb er wie eine Kirchenmaus. Kein Wunder bei diesem Arbeitsplatz.

Wie er so mit seinen Gedanken und Sorgen schwanger ging, da schwand der Tag. Der Lebrecht lehnte sich an ein Fenster in luftiger Höhe, das zur Kaufingerstraße hinaus wies und sah in den dunklen Nachthimmel. Am Firmament blitzten zwei Sterne, und in dem Moment, da er sie erblickte, entfuhr dem Türmer aus tiefstem Herzen die Bemerkung: »Oh mein Gott, wenn die zwei Sterne doch Gulden wären und mir in die offene Hand fielen...!«

Kaum aber hatte er's gedacht (nein, nein, lieber Leser, darauf verwandelten sich die Sterne nicht augenblicklich in Münzen, wie man wohl erwarten mag; aber lies bitte die Geschichte in vollem Vertrauen in die wohlwollenden Fügungen Gottes zu Ende), da also plagte den Lebrecht lediglich ein schlechtes Gewissen ob des frevelhaften Wunsches, und er bereute bitterlich.

Oh weh! Zu seiner Reue erschien nun auch noch ein Komet, ein Stern mit einem gigantischen Feuerschweif hintendran am Himmel. Und dem armen Schlucker auf dem Turm wurde es nun vollends angst und bang. Weil er nämlich den Kometen für die Zuchtrute Gottes hielt!

Heutzutage würde kein Mensch auf solch einen kuriosen Gedanken kommen, aber damals war man halt noch viel strenger und religiöser erzogen. Nachdem sich aber seine anfängliche Aufregung gelegt hatte, sah er die Dinge gelassener.

So gelassen aber auch wieder nicht, war es doch seine Aufgabe, das Erscheinen des Kometen beim Bürgermeister Ligsalz zu melden. Aber dazu musste er bis zur »Wach«-Ablösung warten, also so lange, bis der zweite Türmer zu kommen geruhte. Denn der hatte den Schlüssel »nach draußen«.

Ein schlaftrunkener, aber zorniger Kaufmann mitsamt Zipfelhaube fuhr aus dem Fenster und brüllte in finsterer Nacht »Seid Ihr verrückt!«

Alles lässt sich abwarten, auch der Schlüsseldienst in einem Turm, sogar dann, wenn ein Komet am Himmel steht.

Nun geschah's aber doch, der zweite Türmer erschien, sperrte die Türe von außen, der Lebrecht eilte mit fliegenden Schritten die Wendeltreppe hinab und stürmte hinaus, wo die mittelalterliche Münchner Nachtluft sein Gemüt ein wenig abkühlte. Gegenüber der Peterskirche wohnte der Bürgermeister Ligsalz (nach ihm ist heute noch eine Straße im Münchner Westend benannt). Diesen hohen Herren trommelte der Türmer sogleich aus dem Schlaf und aus dem Bett.

Das Fenster über der Türe flog auf, des Ligsalzens Kopf mitsamt Schlafhaube zeigte sich am Nachthimmel, und der oberste Bürger Münchens brüllte lauthals:

»Seid ihr verrückt?«

»Keineswegs..., aber!«

»Steht der Feind vor der Türe! Tobt eine Feuersbrunst! Auf da! Tut etwas! Holt den Stadtobristen herbei!«

»Keineswegs!« wiederholte der Lebrecht und erklärte, so gut es ging: »Ein Komet steht am Himmel, Herr Bürgermeister!«

»Wie! Was?« explodierte dieser. »Ein Komet über München?«

»Ei ja. Ein Komet ist's mit einem acht Schuh langen Feuerschweif, gar so ein Wunderstern wie seinerzeit der über Bethlehem!«

Da hielt es den Bürgermeister nicht mehr länger in seiner Bettstatt. Er zog den zipfelmützenbewehrten Bürgermeisterkopf zurück und versuchte, so schnell wie immer es möglich war, das linnene Nachtgewand mit der soliden und brokatenen Bürgermeistersgewandung zu vertauschen. Damit er nicht wie ein Nachtgespenst daherkäme.

Aber so einfach war das nicht.

Denn der gute Johannes Ligsalz befand sich so sehr in einer inneren Panik und in einer aufgewühlten Wirrnis des Denkens, dass er unten und oben verwechselte und Ärmel und Füßlinge der Kleidung schier durcheinander wurstelte. Er war eben derselbe »Adabei« oder Wichtigpinkel, wie unsere heutigen Stadtpolitiker es auch sind, er wollte das außergewöhnliche Himmelsereignis sofort in persönlichen Erfolg ummünzen, -vor allem aber wollte er zuvorderst dabeisein, wenn irgendwo etwas »los war«.

Wie ein Hanswurst gekleidet stürmte er bis ans Eck der Rosengasse. Sogar seine Schlafhaube behielt er auf. Aber ein wichtiges Pergament hatte er mitgenommen und zusammengerollt, um es als Fernrohr zu gebrauchen.

Da standen also etliche Leute, superneugierige Münchner wie er, die vorzeitig das Bett verlassen hatten, weil es was zu gaffen gab, hingen in der finsteren Nacht herum und guckten durch die hohle Hand zum Kometen. Als sie des kasperlhaft gekleideten Bürgermeisters ansichtig wurden, da grüssten sie artig und achteten gar nicht weiter auf seinen unprotokollarischen Aufzug.

Der Herr Bürgermeister war außer sich. Immer und immer wieder ließ er sich vom Lebrecht jede Einzelheit aufs genaueste beschreiben, alles wollte er wissen, was in dieser so ganz besonderen Nacht vom Petersturm aus zu sehen gewesen war:

»Habt ihr sonst nichts bemerkt, als da ist Dunst, Wärme oder aber gar Schwüle? Weiters keinen Pesthauch, kein Geroll, Gepolter, Gekrächz, sonderlich geisterhaft Geschrei...?«

Also sprudelte die Fragerei aus dem Bürgermeister heraus, der sich, trotz der Erregung, erstaunlich geschraubt auszudrücken verstand.

Plötzlich aber wurde dem hohen Herren bewusst, dass er praktisch in Unterhosen dastand. »Oje, oje, meine Reputation ist dahin!« schoss es ihm durch den Politikerkopf. Aber bald merkte er, dass die Leute mehr auf seinen Stern denn auf den kuriosen Aufzug achteten. Da war er nicht wenig froh.

Und er zückte sein Geldkätzchen und schenkte in seiner prächtigen Stimmung, die er hatte, dem Lebrecht zwei Dukaten. Der war so erschrocken darüber, dass die Himmelsmacht, zu der er vor geraumer Zeit noch gebetet hatte, nun in Gestalt des Bürgermeisters vor ihm stand und ihm den Herzenswunsch verdinglichte, dass er schier aus der Haut fahren wollte. Vor Freude, versteht sich.

Sein Glaube hatte ihm geholfen und der Komet nun schon zwiefach Glück gebracht.

Lebrecht dankte es dem Himmel, und er meinte seinen Dank wirklich ehrlich.

Er konnte nun sein krankes Mütterlein versorgen, aber die alte Dame wurde fast von selber gesund.

Denn ein Unglück kommt selten allein, ein Glück aber auch nicht. Und der Lebrecht lebte fortan im Glück, das hatte der Münchner Komet für ihn getan.

Glaubt es mir nur.

Herzog Christophs Stein in der Residenz

Der Zugang in die Residenz von der Residenzstraße her ist heutzutage sehr erleichtert, weil die gesamte Residenzstraße bis hin zum Odeonsplatz, dort, wo rechts sich der Hofgarten auftut, gesperrt ist und zur Radler- bzw. Fußgängerzone erklärt wurde. Erleichtert? Nun, gar so leicht ist es auch wieder nicht, den Radfahrern auszuweichen, erspäht man aber erst einmal den Weg hin zum Durchgang in den Brunnenhof der Residenz, dann ist man vorerst gerettet.

Macht man nun gar recht gut diee Augen auf, dann findet man in diesem Durchgang, linker Hand auf dem Gehwegpflaster liegend und an schwerer schwarzer Kette befestigt, einen wuchtigen schwarzen Stein. Der ist glattgeschliffen wie polierter Marmor und liegt träge da, als würde er geduldig auf den Jüngsten Tag in München warten.

Als scharf beobachtender und wohlweislich die Dinge abschätzender Spaziergänger erkennt man wohl sein Gewicht, nicht aber, was es mit dem schweren Stein »auf sich hat«.

Denn das gewichtige Trumm ergibt, so wie es daliegt, keinen rechten Sinn. Trotzdem möchte es uns eine sehr sportliche Geschichte erzählen, die sich, »der Sage nach«, in unserer Stadt zugetragen hat.

Und das war so:

Denn der Brocken hat ein Gewicht von, sage und schreibe, 182 Kilo. Das sind 364 Pfund. Hebe ihn ruhig hoch mit der Hand, wäge ihn ab und befinde diese Maßangabe für richtig. Manchmal wird er in der Literatur auch nur auf 340 Pfund geschätzt. Dort, wo die steinernen 340 bis 364 Pfund liegen, da sind auch, in über zwei Metern Höhe, drei recht dicke Nägel in die Wand eingeschlagen,

Herzog Christophs Stein wog 364 Pfund...

»deren der erste zwölff, der mittlere neunthalb, der unterste aber achthalb Schuch von der Erden erhöhet ist...« - Damit hat es nun die folgende sagenhafte Bewandtnis auf sich:

Der Herzog Christoph soll diesen Stein genommen, hochgehoben und mühelos, also ganz ohne Anstrengung, durch die Luft geschleudert haben. Getroffen hat er bei diesem wuchtigen Stoß niemanden, denn davon wäre sicherlich berichtet worden. Wer hätte das überleben sollen?

Und weil, nach diesem »großen Wurf«, ihm die Kraft immer noch nicht vollends ausgegangen war, da hat er auch gleich noch, wie man so schön sagt, »aus dem Stand«, den obersten der drei robusten Nägel heruntergeschlagen. In der heutigen Ausdrucksweise würde man das »...aus dem Stand« wohl ersetzen durch die halbmedizinische Feststellung: »...ohne vorhergehendes Aufwärmtraining«.

Man darf sich diesen sagen-haften Fußtritt etwa so vorstellen, wie man es bisweilen in Karatefilmen zu sehen bekommt. Die Szene war sicherlich beeindruckend für alle Umstehenden.

Folglich künden bei dem Steine folgende Reime von der sinnlosen, aber schönen Heldentat des Stein-Weitwurfes:

»Als nach Christi Geburt gezehlt war
Tausend vierhundert zweintzig Jahr,
Hat Hertzog Christoph Hochgebohrn,
Ein Held von Bayrn auserkohrn,
Den Stein gehebt von freyer Erd,
Und weit geworffen ungefehrt:
Der wigt dreyhundert viertzig Pfund,
Deß gibt der Stein und Schrifft Urkund.«

Und bei den Nägeln ist zu lesen:

»Drey Nägel stecken hier vor Augen,
Die mag ein jeder Springer schauen.
Der erste zwölff Schuch von der Erd.
Den Herzog Christoph ehrnwerth
Mit seinem Fuß herab thät schlagen.
Kunrath lueff biß zum andern Nagl,
Wohl von der Erd neunthalben Schuch.
Achthalben Philipp Springer luff
Zum dritten Nagel an der Wand.
Wer höcher springt, wird auch bekannt.«

Der Steyrer Hans war noch nicht geboren, der hätte es vielleicht mit dem churfürstlichen Kraftpinkel aufnehmen können.

Jedenfalls wird berichtet, dass es bislang keinem einzigen gelungen sei, das Kraftstück Christophs zu wiederholen.

Und ein »starkes Stück« war das ja nun wirklich, oder!

Wer im Leben so ehrenwerte Dinge vollbringt, dem ist zumeist auch ein würdiger und abenteuerlicher Tod vergönnt. Deshalb dürfen wir über den Steinwerfer nachlesen:

»Nachdeme Hertzog Christoph solche Thaten gewürkket, ist er endlich in das gelobte Land gereist, und alsdann auf dem Ruckweeg in der Insel Rhodus gestorben. Er ware gebohren Anno 1450. den 5.Jenner.«

Wenn man sich die Residenz anschaut, das Antiquarium, die malerischen Prunkhöfe und das herrliche Cuvilliestheater, dann möge man nicht vergessen, den Stein aufzusuchen!

Er ist nicht gleich zu sehen, findet man ihn aber, möge man daran denken, dass man ihn nicht weit zu schleudern braucht. Vielleicht fällt so manchem darüber ein Stein vom Herzen.

Von Häusern und Gebäuden

Die Hundskugel

Zwischen der Sendlinger und der Josephspitalgasse befindet sich ein Gässchen, das den Namen »Hundskugel« führt. Noch viel bekannter dürfte heute die Ess- und Trinkstätte sein, die den gleichnamigen kuriosen Titel trägt. Über diese Bezeichnung »Hundskugel« geht nun folgende Sage:

Vor alten Zeiten, da begab sich ein eigenartiges Spektakel in der Stadt, ein ganz sonderbares Schauspiel, das die Münchner nicht wenig in Erstaunen gesetzt hat: Es wälzten nämlich Hunde eine Kugel durch das Neuhauser Tor in die Stadt herein und legten dies sagenhafte, runde Ding ab in dem genannten Gässchen bei der Nummer 2.

An diesem Hause ist, wie ein altes Buch es nennt, »zum Denkzeichen« noch gegenwärtig ein Holzrelief eingemauert, das der Bildhauer Roman Boos gefertigt hat. Es zeigt Hunde, die mit einer Kugel spielen.

Das mag wohl als Namenserklärung für das betreffende Haus gelten. Der Ursprung der gar so lustig klingenden Benennung jedoch ist ein anderer.

Im fünfzehnten Jahrhundert, da ruhte auf diesem Hause das Recht eines sogenannten Ehehaftbades, wozu man wissen muss, dass der Bader früherer Zeiten auch Arzt war.

In dem Saalbuche der Stadt München vom Jahre 1440 ist das betreffende Anwesen genannt als »das Hundsfudbad samt Garten«. Da befand sich an der Hausmauer ehemals ein Freskogemälde, das Hunde darstellte, die mit einem Kugelspiele sich beschäftigten. Darunter aber stand der Spruch:

»Bis diese neun Kegel umscheiben die Hund,
Können wir heilen noch manche Stund.
Hundsfottbad armer Leut.«

In dieser Geschichte mit den kegelspielenden Hunden erfährst Du, was ein »Hundsfott« ist. (Relief an einer Fassade nahe der Hundskugel)

Dazu ist es wichtig zu wissen: Wenn im Mittelalter einer zum anderen sagte »Du Hundsfott«, dann war das nicht direkt eine Beleidigung, so wie es heute eine wäre, sondern das Wort bezeichnete lediglich arme Leute im allgemeinen.

Obwohl, was den gesunden Anstand betrifft, man natürlich einem Menschen nicht ins Gesicht sagen soll: »Du armer Schlucker du!« Man hat das Wort »Hundsfott« wohl eher hintenherum gebraucht und eben damit die Hungerleider jener Tage gemeint.

So war das Bild, das die kegelnden Hunde zeigte, denn mehr ein empfehlendes Aushängeschild für die vorüberspazierenden Leute, eine Reklame halt, die bewirken sollte, dass man bei diesem Bader fleißig vorsprach. Heute würde man zu so etwas wohl sagen »ein Firmenemblem«, »ein Werbegag«, oder so ähnlich.

Das Bad gab es bald nicht mehr, und mit ihm verschwanden auch Gemälde und Spruch.

Zwar blieb die Bezeichnung »Hundskugel« für einen Ort, der noch heute jedem Münchner Bierdimpfel etwas zu sagen hat und auf solche Seelen eine magische Anziehung ausübt, die Bezeichnung aber ist dem Volke mit der Zeit unverständlich geworden. Wie sich hinter so manchem kuriosen Namen viel Unverständliches, aber ehedem Sinnvolles, verbergen mag.

Der Schöne Turm

Da, wo heute ein bekanntes Bekleidungshaus in der Fußgängerzone bemüht ist, die Münchner Bürger ordentlich auszustatten, da stand dereinst der »Schöne Turm«. Man findet das sieben mal sieben Meter große Grundrissquadrat übrigens heute noch fein säuberlich in die Fußgängerzone hinein gepflastert!
Aus der inneren Stadt von der Kaufingerstraße her ging es zur Neuhauser Straße durch jenen besonders schönen Torturm, der zuerst das Kaufingertor hieß, später dann der »Schöne Turm«. Im Jahre 1479 wurde er wegen seiner Baufälligkeit zum Teil abgetragen, dann aber neu und stattlicher wieder aufgebaut.
In diesem Turm hing auch ein »Arme-Sünder-Glöcklein«, das immer dann geläutet wurde, wenn ein armer Sünder seinen letzten Gang zur Richtstätte außerhalb der Stadt zu gehen hatte.

Das eitel prunkvolle Bauwerk war aber auch ausgestattet mit zwei sogenannten Turmmännern, die den Münchnern anzeigten, wem die Stunde schlägt, indem sie ebendies taten und regelmäßig die Stunden anschlugen. Dann gab es an dem Turme noch eine Kugel, die das Wetter an-

Laut dröhnten die berittenen Gespensterhaufen vom »Schönen Turm«. (Der »Schöne Turm« am Kaufingertor, Teil des ältesten Stadtrings. Aquarell von Ludwig Huber, um 1880, Münchner Stadtmuseum)

zeigte. Drehte die blaue Hälfte der Kugel sich heraus, dann regnete es, ließ sich hingegen die vergoldete Seite sehen, dann ward es heiter.

Auch war der Turm, seit seinem Neuaufbau, mit herrlichen Malereien geziert, man sah Kaiser Ludwig mit Fürsten, dazu Pauker, Trompeter, Fahnenträger in der herrlichen Tracht des Mittelalters. Die prächtigen Gestalten kann man sich in etwa vorstellen, wenn man an die kraftvolle Bebilderung unserer bayerischen Spielkarten denkt.

Aber alles Schöne geht einmal zu Ende, auch das hochragende Leben eines schönen Turmes. Denn im Jahre 1807 wurde dieser Turm, seines engen Durchganges wegen, abgerissen.

Das muss aber offensichtlich irgendwelche Geister auf den Plan gerufen haben. Denn einige Tage, bevor die Zerstörungswut anhub (oh ja, es hat gute Tradition in München, dass man stadthistorische Juwelen einfach abreißt!), da wurden die Münchner Bürger, die in der Nähe des Turmes wohnten (heute würden wir sagen: die Anlieger), durch einen grausligen nächtlichen Lärm aufgeschreckt. Sehen konnte man nichts, man hörte aber Trompetengeschmetter, laute, deutliche Zurufe, die wie Befehle klangen, schließlich den lärmenden Abzug einer Reiterschar vom Schönen Turme weg und auf das Karlstor zu. Dabei rasselten Harnische und Säbel, und das Straßenpflaster hallte wider von den Hufeisen wegsprengender Pferde.

Wer sich in okkulten Zusammenhängen auskennt, vor allem die Lehre über Geister und Dämonen versteht, der weiß: Verstobene müssen oft für ihre Sünden dort büßen, wo sie gesündigt haben. – es ist aber ein noch schlimmerer Fall möglich:

Dämonen können von einem Platz nahezu Besitz ergreifen, dies ist auf dieser Vierung vor dem Kaufhaus heute noch zu spüren; auch kann es sich um vagabundierende Seelen handeln, die um Erlösung flehen. Entweder, sie wollen gerettet werden, oder sie wollen Schrecken verbreiten, – oder aber sie wollen warnen!

Wie sicherlich in diesem Falle.

In einem alten Buch steht: »Dies gespenstische Treiben hielten viele für ein Zeichen davon, dass die Geister des alten München, seine Herrscher und Führer, vor dem neuen

Zeitalter davongingen und die Stadt verließen auf immer.«*

Die Zerstörung Münchens hat also nicht erst in der blindumnachteten Betonwut der Nachkriegszeit begonnen.

Die Geister (und solche gibt es) wollten ein Zeichen setzen, sind aber nicht gehört worden. So zogen sie polternd ab.

Und die Bau- und Ratsherren der Stadt sind seitdem von guten Geistern verlassen.

Der Schöne Turm, der Goldschmied und die diebische Dohle

In diesem Schönen Turm soll aber auch einmal ein Goldschmied seine Werkstatt gehabt haben. Darüber rankt sich eine weitere Mär:

An der Tür des Goldschmiedes im Schönen Turm erschien eines Tages ein vornehmer, reicher Herr. Der brachte ein besonders kostbares Geschmeide vorbei und gab dazu den Auftrag, dass der gut beleumundete Meister eine Kopie davon anfertigen möge.

Der sagte gerne zu und legte den Schatz in seiner Werkstatt ab. Die Werkstatt verschloss er wohl, so wie es sich gehört! Er ließ aber das Fenster offen.

Das darf man nicht als besonderen Leichtsinn bezeichnen, denn der Turm war von allen Seiten her zu beobachten und das Fenster zudem recht schwer zu erreichen.

Ausserdem war's hellichter Tag.

* Helene Raff, So lang der Alte Peter, München 1923, S. 81.

Aber, geringe Zeit darauf, als der Meister nach kurzen Besorgungen in die Werkstatt zurückkam, da fehlte das Geschmeide. Nun gab es ein großes Suchen, Beteuern, Hinhalten, Erklären.

Aber was soll man machen, wenn alles gegen einen spricht? Und die Zeiten waren hart, und die Richter fakkelten nicht lange.

Man verurteilte den unglücklichen Meister zum Tode, denn kein Mensch und schon gar kein Richter und Henker glaubte an seine Unschuld. Bei einer solchen Sachlage, wie sie sich für den Goldschmied und seine Ankläger darbot, unterstellte man damals immer nur grob frevelhafte Absichten, die Psychologie war noch nicht erfunden. Sonst hätte der Meister sich vielleicht auf eine »Zwangshandlung«, ein »Kindheitstrauma«, gar einen »Blackout« oder so etwas ähnliches hinaus reden können. Wenn er das überhaupt gewollt hätte, wusste er doch: Er war unschuldig.

Aber nichts da.

Zur Hinrichtung ward er geführt, eben an seiner alten Werkstatt vorbei, durch den Schönen Turm hindurch, der von oben herab das Arme-Sünder-Glöcklein erklingen ließ, als wolle er klagend betonen:

»Ich, der Turm selbst, ich weiß es ganz genau: Der da, er war nie und nimmermehr der Täter!«

Und als die arme Seele endlich tot war von Henkershand, da begrub man den Leichnam außerhalb der Stadtmauern, dort, wo jeder schandbar Hingerichtete verscharrt wurde.

Die Zeit ging dahin, und irgendwann sollten Reparaturen am Turm vorgenommen werden. Da stieg ein Maurer hinauf aufs Glockentürmchen, allwo die Glocke der Wahrheit so kläglich um das Leben des unschuldigen armen Sünders gebimmelt hatte. Und siehe, eine Dohle flog vom Dachfenster auf!

Da sah der Arbeiter ihr Nest... und das Geschmeide.

Die Dohle hatte den Schatz entführt, einfach aus tierischer Freude an dem Gefunkel der unbezahlbar schönen Glitzersteine.

Da war die Unschuld des Meisters erwiesen, und alle Münchner standen tief ergriffen. (Heute würden wir sagen: betroffen.) Auch der Rat der Stadt badete in Betroffenheit, das war dieselbe scheinheilige öffentliche Betroffenheit, die man heute noch kennt und die dem tatsächlich Betroffenen so wenig nützt als was schwarz unter den Fingernägeln ist.

Der Meister ward davon nicht mehr lebendig, seine Unschuld aber, die war jetzt endlich erwiesen, und der Leichnam durfte ehrenvoll in die Stadt zurück überführt werden, wo der in so unglücklichen Verstrickungen Umgekommene dann endlich seine allerletzte Ruhe fand.

Immerhin.

Der Spuk am Isartor

Der linke Isartorturm beherbergt heute das weltberühmte Valentin-Musäum und er ist zudem die »geistige Wiege« der Münchner Turmschreiber.
So sind in dem mittlerweile prächtig renovierten Isartor schon immer gute beziehungsweise verdrehte Geister zu Hause gewesen. Geister! Davon kündet nun eine alte Gespenstergeschichte:

Es heißt, dass damals, in dem »Theater an dem Isarthore«, kein Geringerer als der Leibhaftige selbst, der Teufel also, umhergegangen sei. Und der führte sich ganz so auf, wie es sich für einen teuflischen Spuk, sagen wir ruhig: einen Spuk »klassischen« Zuschnitts gehört. Einen Spuk halt, der in der Nähe des mittelalterlichen Turmgemäuers stattfindet.

Im linken Isarturm entstanden die »Münchner Turmschreiber« und befindet sich das Valentin-Musäum. Hier hat es aber einstmals sauber gespenstert! (Historische Aufnahme des Isartores)

Der schleuderte Rüstungen und Schwerter in der Garderobe umher und brachte überhaupt sämtliche Requisiten durcheinander. Der Spuk ließ sich sogar manchmal als graue Nebelgestalt auf der Bühne blicken!

Nun zeichnete diesen sonderbaren Theaterspuk etwas sehr Eigenartiges aus: Er schien einen recht konservativen Geschmack zu besitzen und sich über die geckenhaften Vorlieben des Publikums nicht weniger zu ärgern als über »progressive« Tendenzen bei den Schauspielern. Bei Schauspielern also, die sich dem Publikumsgeschmacke anbiederten.

Denkt man doch manches Mal in unserer Zeit, alles Moderne sei geradezu teuflischen Ursprungs, so war es beim Spuk im Theater »am Isarthore« gerade umgekehrt. Der Teufel als wütender Verfechter des Althergebrachten!

Mit anderen Worten: Der Zeitgeist war ihm maßlos zuwider!

Er wollte Hofschauspieler sehen und »alte, regelmäßige Stücke, die sich von selbst spielten«. Diese alten Hofschauspieler ärgerte er dann weniger.

Ihr müsst mir diese Geschichte nicht unbedingt glauben. Da sind aber Garderobier, Requisiteur und spielende Kinder, die davon gezeugt haben, denn diese Personen und Persönchen hat der Spuk oftmals aus der Nähe des Theaters verjagt.

Und sage mir: Warum soll man denen nicht glauben, nur weil sie inzwischen tot sind?

Zudem muß man wissen: Jede Sage, die den Teufel zum Inhalt hat, deutet auf »erdgebundene« oder materielle Kräfte hin. Egal welcher Art. Oder einen Pakt, eine List, ein Hintertürchen.

Alles Dinge, die Gott und seine guten Engel nie nötig hätten. Was also wollte der altbackene Teufel dort..?

Sei's drum: Gerade Dinge, die niemals nachgeprüft werden können, gewinnen an Glaubwürdigkeit, und schon gleich, wenn sie sich da zugetragen haben, wo heute noch Karl Valentins linksdenkerischer Geist weht.

Und innerhalb der Münchner Stadt gar manchen beeinflusst.

Die Bronzelöwen an der Residenz

(ein interessanter Fall von Analogie-Zauber und »Aufladung«)

Wenn man durch München bummelnd durch die Residenzstraße geht, so grüßen kurz vor dem heutigen Residenz-Museums-Shop und der benachbarten alten Residenz-Apotheke zwei mächtige Wappenlöwen, die in Augenhöhe postiert sind, direkt gegenüber dem Viscardigässchen. Oh, wie funkeln die Schnauzen dieser beiden Raubtiere schön blankpoliert in der Sonne. Falls die Sonne scheint, natürlich. Aber die Schnauzen funkeln auch so, weil gar so oft an ihnen gerieben wird. Schau nur einmal zu: Fast jeder der Passanten fühlt sich bemüßigt, an dem glänzenden Metall der Nasen zu wischen.
Hinter dieser Sitte, von der keiner sagen kann (auch keine gescheiten Bücher), woher sie kommt, wird wohl eine geheimnisvolle Sage vermutet, eine Zauberkraft; wenigstens aber ein Wundergeschehen, das all dem zugrunde liegen könnte..., wovon es halt leider weder das eine noch das andere gibt. Außer blankem Aberglauben, der jedoch längst schon wieder zur Stadtgeschichte gehört.

Denn der München-Bummler wünscht sich Glück oder irgend etwas, das ihm gar sehr am Herzen liegt, wenn er den großmauligen Viechern »die Nase poliert«. Über diesen seinen Herzenswunsch darf er dann natürlich mit niemandem sprechen. So ist das immer, falls man einen ganz innigen Wunsch hat. Dann gilt der Satz: »Sprich nicht drüber!«

Aber alle, die sich hier einen tiefschürfenden Hintergrund für dieses Gereibe erhofft haben – denen harrt da eine Enttäuschung.

Unten an dem Schild mußt Du an der kleinen Löwenschnauze reiben... (Historische Aufnahme des Bronzelöwen vor dem Portal der Residenz mit der Feldherrnhalle links)

Die uralte Sage oder wenigstens die ganz tolle Geschichte, die zu dieser Löwen-Schnautzen-Wischerei gehören könnte, die gibt es ganz einfach nicht! Doch bedenke:

Der Löwe ist das Wappentier Bayerns. Er rahmt die Landesfarben, gibt einer Brauerei, einem Fußballverein und diversen Baumillionären den Namen, und die hierorts übliche Bezeichnung »Großkopferter« ist ganz gewiss ebenfalls auf den weitmähnigen Löwen, den König der Tiere also, zurückzuführen.

Man meint damit Leute, die etwas gelten und deren Wort schwer ins Gewicht fällt. Großkopferte dürfen zudem ihr Maul besonders weit aufreißen. Oder meinen, es zu dürfen.

Selbstverständlich wäre es begrüßenswert, wenn sich hinter der Reibe-(Un-)Sitte an den Bronzeschnauzen der Residenz-Löwen eine altehrwürdige Stadtsage verbergen täte. Eine schöne bilderreiche Geschichte aus der Historie, die sich durch die vielen einschlägigen Bücher hinzieht und die einer vom anderen abgeschrieben hat. Wie das so üblich ist.

Eine rührende Schilderung etwa von einem alten Mutterl, das in größter Not an die Wappentiere glaubte, an deren Nasen rieb und daraufhin wieder zu ewiger Jugend genas, zu tierischer Gesundheit – oder so ähnlich.

Aber nichts dergleichen gibt es. Man muss einfach dran glauben...

Das ist es. Diese Löwen sind ein Tor zum Glauben (fragt sich nur, Glaube an was?)

Denn, für den in Magie bewanderten München-Bummler: Es handelt sich bei diesem sehr massiven Aberglauben um eine Art Analogie-Zauber: Durch Berührung und ständige Wiederholung hofft der Vorbeigehende, »Glück« und Löwen-Kraft mit auf den Weg zu bekommen. Zudem sind die Löwen durch ständige Berührung,

Reibung und »Wunschenergie« sehr stark aufgeladen.

Mein Tip: Anschauen, beobachten, aber nicht hinlangen. Denn nicht immer ist das, was alle tun, für alle gut.

Wer diese Erkenntnis vor der Residenz erlangt, dem haben die Löwen schon geholfen!

Der Jungfernturm

»Hier stand der Jungfernthurm, erbaut im Jahre 1439. Abgebrochen im Jahre 1804«
Diese Worte finden sich niedergeschrieben auf einer Tafel in der Nähe des »Hugendubel am Salvatorplatz« beziehungsweise nicht unweit vom heutigen Kultusministerium, da, wo heutzutage haufenweise falsch geparkte Autos abgeschleppt werden:
An jenem Rest der Stadtmauer nämlich, der sich vom St.-Salvator-Platz bis zur Häuserreihe des Maximiliansplatzes hinzieht, da ist die genannte Tafel mit der obigen Inschrift angebracht, denn der Jungfernturm, der einstmals hier stand, dem haftet eine gar schauerlich-romantische Volkssage an.

Und diese grausige Erzählung berichtet uns, dass in dem Turm dereinst eine solche »Eiserne Jungfrau« gestanden haben soll, ein Folter- und Tötungswerkzeug also, das mit der Liebenswürdigkeit einer damaligen Jungfrau ganz gewiss nichts, aber auch gar nichts gemeinsam hatte.

Eine Geschichte berichtet, dass der armselige Delinquent in seiner letzten Minute diese zynische Konstruktion habe küssen müssen, sich dadurch eine Falltüre unter ihm auftat und der Unglückliche in die Tiefe des Verlieses stürzte.

Nach einer anderen Erzählung öffnete sich unter dem Verurteilten dieselbe Falltüre, er stürzte in die scharf ge-

Der Jungfernturm mit Stadtmauer und Stadtgrabenbach: Hier wurden arme Sünder in den messerscharfen Armen der Eisernen Jungfrau zu Tode gequält. (Federzeichnung, mit Sepia laviert, um 1830)

schliffenen eisernen Zacken der Jungfrau, die ihn daraufhin mit tödlicher Festigkeit umschloss und an ihre mit Dolchen gespickte Brust drückte. Zugleich umarmten den Gequälten die mit Schwertern bewehrten Arme der Todeskonstruktion, und er gab unter jämmerlichen und menschenunwürdigen Umständen endlich den Geist auf.

Eine Einrichtung halt, die nichts anderes offenbart als den latenten Hang zur Grausamkeit, der leider so vielen Menschen innewohnt.

Diese bis heute erhaltene Sage um das schaurige und geheimnisumwitterte Walten der Eisernen Jungfrau knüpft sich an die Zeit des Kurfürsten Karl Theodor, der eine Art von Geheimdienst unterhielt. (die damalige Zeit ist ein Leckerbissen für Interessenten an Obskurem, Verborgenem, »Verschwörungstheoretischem!«)

Die Idee zu einer solchen Institution, die schnellen Prozess macht, ist zudem nichts Neues!

Nur nannte man damals so etwas einen »geheimen Ausschuss«. An dessen Spitze stand in jenen Tagen der »Geheime Rath« Lippert.

Man fällte ohne viel Aufhebens Landesverweisungen, Todesurteile, und brachte diese auch, ohne lange zu fragen, »zum Vollzug«, wie das heute so schön heißt im Beamtendeutsch.

Wer oder was dem Staate damals »revolutionär« erschien, wurde sofort durch einen Einspänner, der für seine strafende Mission berüchtigt ward, zur Verurteilung und Hinrichtung abgeholt.

Dieser Einspänner war wohl so ein Vorläufer der Zivilfunkstreife ohne Blaulicht.

Das darauffolgende Verhör, oder was immer man darunter verstehen mag, fand statt im sogenannten gelben Zimmer der Residenz. Die Münchner Sage, so heißt es in der Originalfassung, »...benennt sogar mit Bestimmtheit den Hauptmann des churbayerischen Leibregimentes Franz von Unertl, welcher am Abende des 6.Januar 1796 aus einem Gasthause dahier mit dem Einspänner abgeholt, und am 7. Januar morgens 5 Uhr durch die Eiserne Jungfrau hingerichtet worden sein soll.«

»Stasi-Methoden...«, würden wir wohl heute verächtlich sagen, ohne zu merken, dass sich nichts, aber auch wirklich nichts geändert hat. Höchstens die technischen Hilfsmittel.

Für den Magier und Kraftort-Experten: Die vagabundierenden Seelen, unerlösten Geister, die in jener Zeit gequält wurden (oder selber quälten) sind heute noch in der Gegend zu spüren. Auch, wenn die Örtlichkeit als vornehm gilt. Also Vorsicht.

Der Geisterstundenschlag von der Ramersdorfer Kirchturmuhr

Wer die Autobahn nach Salzburg benutzt und dabei über die Ausfahrt »Ramersdorf« aus- oder einfährt, der erblickt, egal von welcher Seite des Mittleren Ringes er daherkommt, den Turm der Ramersdorfer Kirche.
Eine Sage aus dem Jahre 1868 erwähnt diese Kirche bereits, und es heißt auch, dass zwischen Ramersdorf und Zorneding, da, wo heute wie wild ge- und verbaut wird, eine weite Heide gelegen haben soll. Und da hat es ziemlich gegeistert.

Des Nachts entstiegen dieser Heide Geister und Gespenster in grauslig verblichener Tracht, um Gericht zu halten. Sie saßen in gespenstischem Kreis beieinander, in der Mitte der Richter, daneben der Henker (»Nachrichter«), der das große Richtschwert in den Fäusten hielt.

»Eine Glockenstunde lang« soll dann die gespenstische Verhandlung gedauert haben, bei der jedoch kein Wort zu hören war. Schließlich wurde der Angeklagte auf der Stelle vom Henker mit dem Schwert enthauptet, in diesem Moment schlug die Ramersdorfer Kirche ein Uhr, und der Spuk war vorüber.

Diese Scheußlichkeit am Rande der Stadt ist von Wanderern nur zufällig entdeckt worden, von Landstreichern, die dadorten um diese ungastliche Zeit unterwegs gewesen sind.

Autofahrer, die auf die Autobahn wollen, sollten daran denken, dass hier in der Gegend schon manchem unruhigen Geist das letzte Stündlein geschlagen hat. Das Femegericht ruht nicht, es benutzt nur andere Mittel ...

Also möge man hier recht vorsichtig fahren!

Der dreigesichtige Götze am Neuhauser Tor

Das heutige Karlstor, das Tor am Stachus also, das in der neueren Zeit, gegenüber dem Stachusbrunnen, ein malerisches Entree zur Fußgängerzone abgibt, – und als großartiges Durchgangstor der »Drachenkraft« im Sinne des Feng Shui gelten darf!, es trägt erst seit 1791 diesen Namen.
Vorher war es als »Neuhauser Tor« ein Begriff, es steht seit 1302 und war und ist ein wesentlicher Teil der alten Stadtmauer.
»Neuhauser Tor« heißt es wohl deshalb, weil es, nach Westen und damit Neuhausen zeigend, den Beginn der Neuhauser Straße angibt, die, im Inneren der Altstadt genau zwischen Kreuzviertel und Hackenviertel verlaufend, zu fast allen wichtigen Bauwerken Altmünchens führt.

In der Zöllnerstube, die früher gleich am Neuhauser Tor war, da hat sich aber eine ganz kuriose Sehenswürdigkeit befunden. Und weil die Sehenswürdigkeit so sehenswert war, hat man sie oftmals Reisenden gezeigt, die damals nach München kamen. Heutzutage wurde man so etwas vermutlich »Touristenattraktion« nennen. Damals hat man halt schlichtweg »Sehenswürdigkeit« dazu gesagt, was doch auch viel besser klingt. Dabei handelte es sich in diesem Falle um einen dreigesichtigen Kopf, einen Kopf also, der an drei Seiten drei Gesichter hatte in drei Farben: schwarz und weiß und rot! Und darauf konnte man, mit Mühe, die Jahreszahlen 1105, 1107 und 1767 lesen.

Dieses kuriose Ausstellungsstück soll - so wurde es jedenfalls berichtet - auf einen heidnischen Tempel zurükkgehen, der eben da gestanden sein muss, wo heute das Stachus-Tor prangt und sich von dem herrlichen runden Spritzbrunnen die Luft kühlen lässt.

Gleich neben dem Karlstor soll sich ein »dreigesichtiger Götze« befunden haben! (Kolorierte Lithographie von Carl August Lebschée, 1868, Münchner Stadtmuseum)

Auch damals schon hat so mancher seinen Kopf verloren, und der dreigesichtige Götzenkopf ist vielleicht bei Abbrucharbeiten des damaligen Torwärterhäusls verlorengegangen. Wie's wirklich gewesen ist, das hat keiner mehr im Kopf, und aufgeschrieben ist es auch nirgends.

Es ist halt so sicher, wie eine alte Geschichte wahr ist, und an alten Geschichten ist oft mehr wahr, als man glaubt.

Deshalb darft man es ruhig glauben, dass ein altes Lied, das lange in München gesungen wurde, auf den genannten Götzen, dem wohl ein einziges Gesicht nicht genügt hat, zurückgeht:

»Die eine spinnt Seide,
Die andere wickelt Weide,
Die dritte sitzt am Brunnen,
Hat ein Kindlein gfunnen.«

Diesem Liedtext nach wäre der seltsame Kopf also mit drei Frauenantlitzen bestückt gewesen. Das klingt sehr nach dem Wissen und der Kraft von Hexen, vor allem, wenn man die Liedzeilen genau interpretiert: Woher kommt das Kind aus der Tiefe des Brunnens..! Auch lohnt es sich, über die Jahreszahlen 1105, 1107 und 1767 nachzudenken und dann über die Farben schwarz, weiß und rot: Klassische Farben der »Hexenbänder«, wie man sie an geheimen Kultstätten im Wald und an Quellen findet!

Sind die mit den drei geheimnisvollen Frauen »Nornen« gemeint? Früher, so wird erzählt, da waren Münchner Weihnachtslebkuchen ebenfalls mit »drei Madln« geziert.

Aber ob da ein Zusammenhang zu dem drei(frauen)gesichtigen Götzen besteht, das weiß keiner.

Aus den Stadtteilen

Der ewige Jude in Haidhausen

Wer kennt nicht das Isartor am Isartorplatz? Vom Jahre 1337 an steht es, behäbig steinern und stark bis heute; so recht berühmt wurde es aber erst in der neuesten Neuzeit, weil es, »im linken Isartorturme«, das weltberühmte Valentin-Musäum (!) beherbergt. Das ist eine in ihrer Art einmalige und eigentlich, im Kern dessen, was sie beinhaltet, un»denk«bare Kuriositätensammlung und Anhäufung von Linksdenkereien. Valentin, das Weltgenie der verdrehten Gehirnwindungen, gehört allerdings keineswegs in das Umfeld »Sage«, denn er hat tatsächlich gelebt und seine sagenhaften und schier unglaublichen Verdrehtheiten nachweisbar und real gedacht.
Übrigens hat ebenda im Isartor, oben im Turmstüberl des linken Turmes, die nunmehr über vierzig Jahre alte und weit über München hinaus bekannte Dichtergilde der»Münchner Turmschreiber« ihre ersten Anfänge genommen.

Heute prangt dieses zweitürmige Pracht-Tor wunderbar renoviert als wahrer Mittelpunkt des Verkehrsknotenpunktes »Isartorplatz» und beschließt städtebaulich das »Tal«.
Steht man jedoch unter dem freien Münchner Himmel und betrachtest sinnend dieses Isartor, dann denke man daran: Hier, genau vor diesem Tore, aber auf der Seite »vor der Stadt«, hat dereinst ein gar seltsamer Mann gestanden . Und das war am 22. Juli des Jahres 1721:

»Wer bist du denn?« rief unwirsch der Torwächter, als er des seltsamen Mannes gewahr wurde. Denn diese heruntergekommene Erscheinung, die da plötzlich vor dem Tore stand, hatte genau das Auftreten, wie wir es, in unserem heutigen Sprachgebrauch, bei aus der Lebensbahn geworfenen Personen kennen, die wir oftmals hochnäsig und pauschalisierend »Penner« nennen.

Der Mann also stand da, ein menschliches Wrack, aber er stand mit geheimnisvoller innerer Würde und einem Wissen und einer Erfahrung, die aus der dunklen Tiefe der Jahrhunderte zu kommen schienen; gar sah es aus, als hätte diese Person schon ein biblisches Alter erreicht, was heißen soll, dass er so aussah, als hätte er die Zeiten zumindest des Neuen Testamentes noch selber miterlebt.

Gegerbt und zerfaltet zeigte sich sein uraltes Gesicht dem verwunderten Torwächter, die Augenränder waren so runzlig und von der Zeit gezeichnet wie die Hände, und die Augen selbst lagen tief in den Höhlen verborgen, aus dem Blick dieser dennoch klaren Augen aber sprach die seltsam märchenhafte Unendlichkeit von Wesen, die trotz ihrer irdischen Existenz bereits in einer ganz anderen Wesensheit existieren.

»Wer bist du denn?« wiederholte der Wächter also. Der Angerufene sah kurz hoch, seine schwarzen Augen blitzten auf in dem Gesicht, das schon so viel erlebt, gesehen und verstanden hatte. Und er rief zurück: »Ahasverus bin ich, der ewige Jude!«

Dies war zwar eine klare Antwort, der Wachtposten indes wusste damit nicht allzuviel anzufangen. Zudem trug der Jude keine Ausweispapiere bei sich. Da tat der Wächter, was alle Beamten in solcher Situation tun (obwohl durchaus anzuzweifeln ist, dass ein damaliger Wärter des Isartores in einem beamtenähnlichen Verhältnisse stehend zu beschreiben sei!).

Kurz, der Geflissentliche fragte »oben« nach, beim Magistrate also, und er erhielt die Auskunft, dass dem ewigen Juden der Einlass in die Stadt zu verwehren sei!

In einem gescheiten Buche findet sich nun folgender Hinweis: »Da begab sich der Abgewiesene nach Haidhausen«.

Mein lieber Leser, das klingt gewiss etwas ungewöhnlich für die Ohren von uns Neuzeitmünchnern, doch muss man sich vergegenwärtigen, dass Haidhausen damals ein gutes Stück vor der Stadt lag.

Dort in Haidhausen gelang es dem Juden, mit Gold und allerlei Pretiosen einen schwunghaften Handel aufzuziehen. Als Mensch und auch als Händler benahm er sich ohne Tadel, es war nicht das geringste an ihm auszusetzen, sonst hätte der Fremde nicht über einen längeren Zeitraum hinweg so ein gutes Geschäft betreiben können.

Aber eine Geschichte, die er überall zu erzählen wusste, die war schon etwas absonderlich:

Dass er ständig betonte und dies Tag für Tag wiederholte, »er sei der ewige Jude«, das wusste man ja nun inzwischen. Dazu aber berichtete Ahasverus immer und immer wieder von einer ungeheueren Schuld, die er auf sich geladen hätte und nun, durch alle Zeitläufe hindurch, abzutragen genötigt sei, ohne die Gnade des Sterbendürfens, das diesem bitteren Fluch ein Ende bereiten könnte:

Er habe nämlich, so erzählte er, das Leben und Sterben unseres Herren und Heilandes Jesu Christi noch miterlebt, allerdings habe er damals die Größe des Gottessohnes und die heilsgeschichtliche Bedeutung von dessen Sendung nicht erkannt. Oder vielleicht auch, in sturer Verstocktheit, nicht sehen wollen. Weil er den Prediger für einen gewöhnlichen Menschen hielt.

Oh, hätte er doch gewusst oder hätte sein Herz es ihm gesagt, dass das Göttliche in jedem einzelnen Menschen zu finden ist. Ahasverus wäre dann wohl damals - er war zu dieser Zeit gerade Schuster in Jerusalem - dem Herrn nicht so voller Spott gegenübergetreten. Außerdem hatte er dem geplagten Weltenerlöser eine kurze Rast auf der Steinbank vor dem Haus schroff verweigert.

Man soll halt jedem Menschen helfen, der einem begegnet, denn Christus ist ebenso in uns allen.

Doch die Strafe für diese Verfehlungen wider Christus, so berichtete der Jude in München, diese Strafe sei furchtbar: Er dürfe nun nicht sterben und müsse, als Untoter, die Welt durchwandern, ohne je einen Endpunkt seiner Suche zu finden.

Bis hin zum Jüngsten Tage sei jene Ruhe- und Heimatlosigkeit ihm aufgebürdet. Und er wäre auf diese Weise schon siebenmal um die Welt herumgekommen.

Das alles wurde der zum Herumirren verdammte »ewige Jude» nicht müde zu erzählen.

Man kann sich nun leicht vorstellen, mit welcher Geschwindigkeit sich die Geschichte vom »Mann, der Jesus noch selbst gekannt hat« in der gesamten Stadt verbreitete!

Schließlich lebte man im Mittelalter, der Zeit des Glaubens. Und warum sollte man nicht alles glauben, das geboten wurde? Noch dazu eine so spannende Geschichte aus dem Heiligen Land! Überhaupt..., wann kam denn schon einmal eine Persönlichkeit in die Stadt, die in der Lage war, so phantastische Mären zu erzählen!

Man lebte hier schließlich nicht im Land von »Tausendundeiner Nacht« und nicht in einer orientalischen Stadt, in der gewandte Märchenerzähler an allen Straßenecken zu finden gewesen wären.

Man lebte in München. Vergiss das nie, lieber Leser!

Nun, dieser jüdische Händler und seine »Nummer« mit dem »ewigen Juden« – so würde man das wohl heute in unserer saloppen Begriffsbestimmung einstufen –, diese Nummer zog einfach.

Vor allem aber zog sie Menschen an, die alsbald zu Tausenden hinaus nach Haidhausen pilgerten.

Ganz gewiss: Wundersame Dinge wusste der Mann in der Tat zu erzählen, von Jesus Christus plauderte er, vergaß auch nicht Details, was der Herr hier getan und dort gesagt habe; er schilderte in den leuchtendsten Farben die Apostel, jeden einzelnen von den Zwölfen malte er mit greller Palette, den sanften Johannes, den dynamischen Petrus und den verschlossenen Judas, und je mehr man den Erzähler fragte und in ihn drängte, desto mehr sprudelte aus ihm hervor.

Wer den Herren Jesus damals geschlagen hätte, dem würde, wie allen seinen Nachkommen, die Hand doppelt so lange wachsen, wer den Erlöser angespien hätte, denselben und dessen Geschlecht in alle Ewigkeiten würde beim Spucken der eigene Speichel stets ins Gesicht treffen und besudeln, und, und, und.... schier kein Ende nehmen wollten die bizarren Histörchen aus dem Heiligen Land zur Zeit, als der Gottessohn auf die Erde gesandt war.

Diese legendenhaften Erzählungen machten sich, im wahrsten Sinne des Wortes, »bezahlt«, die Menschen kamen, hörten, glaubten, sie glaubten einfach alles und gerieten darüber in eine Art Kaufrausch.

Denn erstens erachteten sie es als unschicklich, dem Juden stundenlang zuzuhören, ohne etwas bei ihm zu erstehen, dann aber auch kauften sie gar so fleißig, weil sie dem Schlitzohr fast alles glaubten, also auch glaubten, er hätte den Heiland gesehen, gesprochen und berührt: Die Münchner wollten halt ein bleibendes Andenken an diesen Mann, ein »Souvenir«!

Und sie kauften.

Über die Qualität der Ware wird nichts berichtet, also auch nichts Tadelnswertes. Hauptsache, verkauft. Und die Geschichten wurden immer toller! Ahasverus behauptete, das Kreuz auf dem Gasteighügel sei das einzig wahre Abbild Christi!

Wieder glaubte man ihm, noch dazu, weil er spektakulär in andächtiger Pose davor niederkniete und betete, etwa so überzeugend, wie in unseren Tagen der Papst das kann und tut.

Dann aber, urplötzlich, war der ewige Jude fort. Er verschwand so lautlos, wie er gekommen war, und hinterließ lediglich das Andenken und die Sage an und um ihn und seine Geschichten. Es hieß später (aber weiß man, ob es wahr ist?), dass er in Bamberg, in Würzburg und auch in anderen Städten des Frankenlandes noch mal gesehen worden sein soll.

Und immer noch muss er die tolldreisten Geschichten herumerzählt haben.

Wahrscheinlich, wenn überhaupt es ihn gegeben hat, war der Mann ein sehr geschickter fliegender Händler und begnadeter Erzähler dazu, der den mit hörenswerten Neuigkeiten keineswegs verwöhnten Münchnern des Mittelalters gute Unterhaltung bot und gute Geschäfte machte.

Gönnen wir es ihm.

Er wurde überall, so heißt es, nach kurzer Zeit ausgewiesen und verschwand schließlich, ohne noch irgend ein Zeichen zu hinterlassen; vielleicht trug eine höhere Macht ihn fort ins Reich der Phantasie, in den Himmel des nie sterbenden Humors und des ewig strahlenden Zaubers der Fabulierkunst.

Denn unsere Gedanken werden uns überleben, und das, was wir an gutem Geist verströmen, an feiner Laune den Mitmenschen geben und an Ideen verschenken, das kommt auf uns zurück und bleibt bestehen, wie die sprühende Kraft alles einmal Erdachten, und geistert durch die Welten in alle Ewigkeiten.

Pestsagen aus Giesing

Vor Zeiten, als der grausige Schwarze Tod in Bayern umging, da machte er vor den alten Dörfern rings um München so wenig halt wie vor den Haushalten der Stadt München selber. Wer denkt schon daran, dass der Stadtteil, den das legendäre »Sechziger-Stadion« krönt, dereinst als Dorf vor München lag?

Szenen spielten sich tagtäglich dort ab, die wahrlich zum Fürchten waren: Vermummte Gestalten, die Totengräber nämlich, rollten quietschende Pestkarren vor die Haustüren, gingen, ohne viel zu sagen, ins dunkle Innere der Wohnungen, dahinein, wo der Tod seine Kunden schon besucht hatte, packten den übel zugerichteten Leichnam auf den Karren und zogen weiter.

Der Toten waren so viele, dass die Friedhöfe sie nicht fassen konnten: Da musste man eigene Pestfriedhöfe anlegen.

So auch in Obergiesing, dem alten »Kyesinga«. Das Örtlein auf waldiger Höhe am Perlacher Forst war klein, hatte aber trotzdem alle Untiefen des Dreißigjährigen Krieges miterleben dürfen.

Da hat sich, der Sage nach, bei einem Giesinger Bauern, dessen schmucker Hof am Waldesrand stand, folgendes ereignet:

Bisher war es ihm recht gut gegangen, ihm und den Seinen, nun aber begann die Pest um die Familie herum mehr und mehr zu wüten.

Da zeigte er jene Dankbarkeit, die das zwielichtige »Gott-sei-Dank-nicht-ich!«-Gefühl mit sich bringt, das oft ganz nahe am Egoismus liegt oder gar der Schadenfreude.

Vielleicht ist es auch nur ein starkes Hoffen?

Wohlan. Er ließ einen »Christus auf der Rast« schnitzen, das ist ein Heiland, der in Ketten dargestellt wird und den Geschundenen während der kurzen Rast zwischen der Geißelung und der Kreuzigung zeigt.

Aber: Trotz des innigen Betens zu dieser Christusfigur fielen bald alle Mitglieder der Bauersfamilie der Pest zum Opfer: Zunächst die Verwandten, zuletzt die Frau und die Kinder.

Oh, da benahm er sich gar nicht wie der fromme Dulder Hiob, der am Ende den Willen Gottes erkennt (wir, die besonnenen Leser, wollen es aber dem Bauern nicht verdenken, sondern wir wollen Mitleid haben mit seiner schweren Prüfung); er zürnte bitterlich, fluchte der Christusfgur und schleuderte das Symbol der Demut wütend auf die Erde.

Da starb er. Wundert uns das?

Die Giesinger und »die von der Au« aber bekamen Angst. Sie unternahmen samt Kettenfigur und Büßerfahne eine Wallfahrt und stellten am Ziel derselben den Christus in der Giesinger Kirche auf.

Das Leben ist ein Weg, und der Weg hat ein Ziel, und der Weg ist das Ziel. Auf einer Wallfahrt kann man darüber nachdenken. Man wollte nicht mehr aufbegehren und sich in sein Schicksal fügen.

Das gefiel. Die Pest ebbte ab.

Der Pestwagen jedoch, der die vielen Leichen weggeschafft hat, der soll noch lange auf dem Boden unterm Dach der Kirche aufgehoben worden sein.

Und so blieb dieser »Herrgott auf der Rast« denn in der Giesinger Dorfkirche bis 1890. Damals wurde die kleine Pfarrkirche abgerissen und der Friedhof; der sie umgab, aufgehoben.

Doch der Herrgott musste weiterwandern, so wie der echte Christus unerbittlich seinen Weg bis zum Kreuz hat gehen müssen. Nun kam er auf jenen Gottesacker, der dereinst als Notfriedhof für die Opfer der Pestilenz angelegt ward. Und zwar wurde er genau an die Stelle getan, wo heute der Giesinger Pfarrhof steht.

Um diesen Pestacker rankt sich nun eine recht schauerliche Sage:

Da sollen - und es wird schon so gewesen sein, denn gar viele haben davon berichtet! - jeweils zur Mitternachtsstunde, dann, wenn weißes Mondlicht sich über Grabsteine und Mauern ergoss, zwölf graue Männlein still dahergekommen sein.

Aber gehört hat man sie doch, sonst hätte keiner davon berichten können.

Diese zwölf kleinen Geister schlichen über den kleinen Steig, der von der früheren Bäckergasse am Giesinger Berg hinaufgeht, sie umschritten dann den Pestfriedhof mehrmals und begannen an der alten Dorfkirche zu beten.

Eigenartige, hochtonige, singend-jaulende Stimmen müssen sie gehabt haben, so berichten die Augen- und Ohrenzeugen.

Von dem Spuk her hätte das Bergerl den Namen »Manndlbergl« oder »Mannderlbergl« geführt.

Und überhaupt! Bei diesem Friedhof (alte Bücher sagen: »Freithof«), da soll es ganz und gar nicht geheuer gewesen sein; jeder, der vorüberkam, der hat ganz deutlich ein Rufen und Unken gehört oder das ungestüme Werfen von Steinen und Sand.

»Unerlöste, vagabundierende Seelen ..«, hätte der selige Pater Frumentius, der Geisterkenner, dazu gesagt.

Alles hat ein Ende, und genauso jeder Spukfriedhof.

1893 ist dann dieser Gottesacker verschwunden, nicht aber die Seelen, die dort begraben waren. Denn diese spuken immer noch den Giesingern in ihren Köpfen umeinand. Der »Herrgott auf der Rast« wurde von da an im Kloster der Armen Schulschwestern in Obergiesing aufbewahrt.

Und das letzte äußere Gedenken an die Pestzeit, eine sogenannte Pestsäule, die auf dem Weg von Giesing nach Ramersdorf stand, die hat sich bis Mitte des vorigen Jahrhunderts erhalten, Wind und Wetter trotzend, ist aber auch längst entfernt worden.

Das Leben ist ein Kreuzweg, in Pestzeiten allemal, und die Wege sind unergründlich.

Wohl dem, der nicht im Jahrhundert des Schwarzen Todes hat leben müssen. Und in was für einem Jahrhundert, – Jahrtausend! –, leben wir?

Der fromme Wandermönch Winthir kommt nach Neuhausen

Auf dem Rotkreuzplatz in München, im Stadtteil Neuhausen, steht der Winthir-Brunnen. Im modernistischen Stil halbabgeflachter Kanten und Ecken sitzt da eine Art Heiliger auf seinem Esel und hält das Kreuz in die Luft, so vergeistigt wie ein Verkehrspolizist seine Stop-Kelle. Das Eselein seinerseits guckt gelangweilt dem Wasser des Brunnens zu, wie es, fromm oder nicht fromm, auf jeden Fall fließend, in den Brunnentopf hinein plätschert. Nicht weit vom Brunnen entfernt ragt die Schwesternschule des Bayerischen Roten Kreuzes, nie so gut geleitet wie unter der trefflichen Frau Generaloberin Lieselotte Krammer, hoch in den Föhnhimmel hinein. Der Freund dieses wahrhaft »magischen« Rotkreuzplatzes kann sich zudem an vielen U-Bahn-Aufgängen erfreuen und einen modernen »Kaufhof« im Stile alter Fabrikbauten bewundern.

Früher stand, nahezu an derselben Stelle, damals vor der Winthir-Apotheke, ein beschaulicheres Denkmal: Auf hoher romanischer Säule lehnte da ein Mann in frühmittelalterlichem Reisegewand und mit treuherzig frommer Gebärde an seinem Saumtier und betete.

Der alte Winthirbrunnen, der vor der Winthirapotheke am Rotkreuzplatz stand (hier um 1900). Vor Jahrhunderten überredete der iro-schottische Wandermönch das gottlose »Niuwenhusir« (Neuhausen) zum Christentum. (Historische Aufnahme)

Schreitet man nun am heutigen Winthir vorbei, dann möge man sich nicht daran das Hirn anrennen, wie der Verfasser in seinen Kindertagen, sondern sich lieber in die benachbarte Eisdiele setzen (im Sommer, versteht sich!), und den nicht umzubringenden Zauber des Platzes genießen, den der bronzene Glaubensbringer segnet – und die folgende Geschichte soll jetzt vom frommen Winthir etwas erzählen.

So heißt es in den verschwommenen Ursprüngen der Überlieferung: Dieser seltsame Heilige, der da an die Isar kam, um das bis dahin gottlose und heidnische »Niuwenhusir« mit Keule und Kreuz zum Christentum zu überreden, sei gar aus einem edlen fremdländischen Geschlechte gewesen.

Auf jeden Fall muss er das Evangelium recht nachhaltig gepredigt haben. Und da war er eben in bester Gesellschaft der iro-schottischen Mönche im siebten Jahrhundert, die mit der Durchschlagskraft der bekannten irisch-schottischen Fußballfans unserer Tage anreisten, durch die Lande zogen, Bäume fällten, Blitzschlag überstanden, Bären verprügelten und von Demut redeten.

Die Handelsstraße, von Reichenhall kommend, über die Isar, Munichen, Pasing, bis Augsburg, schleuste die rotblonden, bemützten Glaubensüberbringer öfters ins Land.

Der Legende nach muss Winthir mit seinem Muli im achten Jahrhundert dahergekommen sein; er predigte das Evangelium und schlug zwischen den Angern des heutigen Neuhausen seine Klause auf.

Er betete und fastete: Wenn er zu essen hatte, betete er und dankte, wenn er nichts zu essen hatte, betete er und bat, dass er etwas bekam, und wenn er von allem genug hatte, betete er, dass alles so bliebe.

Und Gott sah sein Tun mit Wohlgefallen.

Ganz sicher ist es, dass Winthir Wunder gewirkt hat, allein schon seine Lebenseinstellung war ein Wunder. Und Neuhausen ist bis heute ein wunderbarer Stadtteil geblieben.

Das spürt man nicht zuletzt am Geschick der magischen Herz-Jesu-Kirche, 1994 abgebrannt und genau sechs Jahre später als moderner Tempel wiedergeweiht.

Aber auch ein so frommer Mann wie Winthir muss einmal sterben. Sein Hinscheiden geschah ganz sicherlich in höchstem Frieden und im Einklang mit dem Kosmos, ist es ihm doch schon zu Lebzeiten gelungen, das eitle »Ich« durch Selbstaufgabe und Demut zu überwinden und so aus Neuhausen ins neue Haus für die Seele umzusiedeln. Man beerdigte die bleichen Überreste des Beters also in steinernem Sarge an der Kirchenmauer. Er muss sehr beliebt gewesen sein, denn groß war das Wehklagen um ihn.

Im Jahre 1600 sollte die Neuhauser Kirche vergrößert werden, man begann an der bezeichneten Stelle zu suchen und, tatsächlich! Der steinerne Sarg trat zutage, und man besaß nun die Reliquien des frömmsten aller Einwohner, die Neuhausen je gehabt hatte.

Später erhob sich der Altar über seiner Gruft, und die Betenden und Zelebrierenden schöpften Kraft aus den Knochen des Wandermönchs und huldigten seinem Andenken.

Dann findet sich noch eine Sage um den Winthir-Stein. Diese verwitterte Stehle, oh was könnte sie erzählen, wenn ihr die Gabe der Sprache gegeben wäre! Geschichten von und um Neuhausen, von Menschen und Tieren und Sorgen und Freude und dem Leben halt. Das steinerne Trumm stammt aus dem 17.Jahrhundert und steht heute am Winthir-Platz. Wo sonst. Sie war ein Ort beständiger Andacht. Dort an dem Steine betete man gegen Wetter und Hagelschlag.

Einmal, da soll ein wütender Bauer, dessen Feld der Hagelschlag verwüstet hat, mit Hacke und Schaufel und Fluchen dem magischen Stein zuleibe gerückt sein.

Und sofort traf ihn der Blitz. Wie aus heiterem Himmel! Tot fiel er nieder an der Stelle seines Frevels und hat nie mehr wieder so dumme Ideen haben müssen.

Im 18. Jahrhundert gab's dann regelmäßig Winthir-Prozessionen, denen der Beginn des 19.Jahrhunderts ein Ende machte. Die Säule wurde 1873 erneuert und später an die westliche Mauer des Friedhofes versetzt. Heute, am Winthirplatz, da steht der Stein in der Nähe des Rolkreuz-Krankenhauses und damit nicht weit weg von der Nächstenliebe.

Schon sind wir wieder beim Winthir und seinem Evangelium.

Sagenhaftes aus Pasing:

Von der Spiegelwiese und den schwebenden Hexen

Pasing an der Würm, die »Stadt vor der Stadt« im Südwesten Münchens, ein Immer-noch-Dorf, wo sich der malerische Charakter des Würmtales widerspiegelt, der Stadtteil bietet eine ganz besondere Auswahl »verzauberter« Sagen, weil in diesen Erzählungen und Überlieferungen auffallend oft weiße Frauen, tanzende Schwebegeister und sonstigerlei Zauberwesen vorkommen.

Wie das überhaupt in den Würmtal-Sagen der Fall zu sein scheint.

Das liegt wohl daran und lässt sich so erklären, dass an den Ufern der Würm und den angrenzenden weiten Wiesen, besonders im Herbst und auch in manchen kalten Winternächten ganz wunderbare Nebel aufsteigen, die allerdings ein Autofahrer, der zu Nebelzeiten die B 12 oder die Planegger Straße daherkommen mag, dann als weniger zauberhaft empfindet.

Die »Spiegelwiese«, das war ein freies Feld in Pasing, durch das heute die schmale Spiegelgasse führt, und ein freies Feld ist dort heute auch nicht mehr. Wiewohl man dem zwischen Häusern liegenden kleinen Park die Besonderheit immer noch anmerkt.

Die Wiese war begrenzt vom heutigen Bahnhof im Norden, im Süden von der Landsberger bzw. Bodenseestraße, im Osten von der Bäckerstraße und im Westen von der Würm.

Geht man an diesem, trotz der Bebauung heute noch für sensible Naturen spürbar verzauberten Orte spazieren, (es ist dies ein »Kraftort«, ein »Magischer Platz« ganz besonderer Art, der Leser sollte ihn aber nur dann aufsuchen, wenn er guter Dinge ist, keinesfalls in deprimierter Stimmung!), -betritt man also diese Stätte, so ahnt man bald,

Pasing fühlt sehr eigenständig – damals wie heute.
So fühlen aber auch die Pasinger Geister und Gespenster.
(Reklamemarke, Stadtarchiv München)

wie unheimlich der Ruf der »Spiegelwiese« dereinst einmal gewesen sein muss.

Kein Mensch wagte, bei Dunkelheit darüber zu gehen.

Es hieß bei den Pasingern, dass Hexen dort auf der Wiese tanzen würden und dabei gar unheimliche Späße treiben:

Und wehe dem, der die verzückten Hexenweiber dabei gestört hätte! Nimmer sollte der seines Lebens froh werden.

Auch erzählte man von drei uralten, schwarzverschleierten Frauen, die sich auf der Wiese herumgetrieben haben, mit grauen, riesengroßen und heiser bellenden Teufelshunden an ihrer Seite.

Immer wenn dieses gespenstische Gespann des Grauens über die neblige Wiese schlich, tanzte und polterte, dann soll hinterher das Wetter umgeschlagen haben und schlecht geworden sein.

Da, wo die Würm eine malerische Schleife beschreibt und wo früher das Schloss stand, da waren diese drei Frauen ebenfalls häufig zu sehen.

Was für ein Bild, wenn man versucht, sich die Szene im Halbdunkel vorzustellen...: Schön und grauenerregend zugleich!

Denn, so heißt es jedenfalls, die drei weiblichen Geisterwesen schwebten mitsamt ihren kläffenden Hundstieren über den Wassern und lösten sich dann irgendwann auf im feinen Nebel der Dunkelheit.

Der Spuk ist seit vielen Jahren verschwunden. Sagt man.

Stimmt nicht. Ich selbst, der ich in Pasing wohne, habe in Nächten, in denen man lieber zu Hause bliebe, weil unheimliche Nebel die klare Sicht wegnehmen und damit auch die Einsicht, die der nüchterne Verstand uns schenkt, solche schwebenden Frauen gesehen, das bösartige Knurren der Gespensterhunde gehört..., und ich habe geschaut, dass ich schnell, aber wirklich ganz, ganz schnell, nach Hause gekommen bin!

In den zehn Jahren seit Erscheinen der Ur-Ausgabe dieses Bandes habe ich einige echte Hexen kennengelernt: Hochintelligent, hochbegabt, schön, und in Weltverbänden (Covens) organisiert. Was diese Damen vermögen, geht über das, was Sage und Märchen vermitteln, weit hinaus. Dank der Bekanntschaft mit dem seligen Pater Frumentius habe ich diese Kontakte »in Liebe« abgebrochen. Er hat schon gewusst, warum er mich gewarnt hat und auf Gottes Seite gezogen. Aber eine aufregende Zeit war es!

Gespensterwege von Pasing nach München

Wenn ein Pasinger – auch heutzutage noch! – sagt, dass er »in die Stadt« hinein müsse, dann meint er keineswegs die Münchner Innenstadt, sondern vielmehr die Gegend um den Pasinger Marienplatz herum. Oftmals sagt ein Pasinger auch: »Ich muss nach Pasing« und meint damit einfach nur das Einkaufszentrum des immer noch und trotz des Verkehrsproblems verträumten Stadtteils Pasing selbst. Denn hier hat sich überkommenes dörfliches Selbstbewusstsein erhalten wie kaum sonstwo in München.
Wer dann tatsächlich »in die Stadt« muss, also »nach München« (und das, obwohl Pasing lange schon zu München gehört!), der benutzt ab Pasing-Marienplatz die Trambahn-Linie 19 oder die S-Bahn vom Pasinger Bahnhof ab. Ganz Gescheite praktizieren »park and ride«, fahren mit dem Auto bis zum Laimer Platz und steigen dort frohgemut in die U5.
Das war in früheren Zeiten alles nicht so einfach, nach München hinein zu kommen, weil nicht nur der Weg selbst, sondern auch Gespenster »im Weg« gestanden sind.

So weiß eine alte Bäuerin das folgende Schauererlebnis zu berichten, das nämlich sie in ihrer längst vergangenen Jugendzeit gehabt hatte:

Der Weg nach München hinein, der bedeutete eine kleine Reise, und man schickte das junge Ding damals auf die Reise »in die Stadt«, um auf dem Markt Milch zu verkaufen. Sie tat dasselbe wie viele Urlauber heutzutage, nämlich sie brach bereits in der Nacht auf, um am Morgen mit ihrer Ware rechtzeitig am Bestimmungsort anzukommen.

Doch der Weg hatte es diesmal in sich und gerann zum Weg des Grauens. Es war eine der Rauhnächte, unheildräuend waberte ein nicht zu bestimmendes Böses in der Luft und überall. Die Magd fröstelte. Hier, am Wegrand stand ein Marterl. Es hatte etwas von einer Person...

Stille.

Da! Plötzlich!

Ein Gespenst sprang ihr förmlich ins Gesicht : Unvermutet stürzte ein kleines Weiberl wie der Blitz hinter jenem Marterl hervor! Das Un-Wesen trug einen feuerfunkensprühenden, rotglühenden Mantel und starrte das schreckensbleiche Bauernmädel aus tellergroßen Feueraugen bitterböse und unheilbringend an.

Und! Hui! Wie der Wind begann dieser tolle Geist zu tanzen, wirbelte, drehte wie ein Kreisel sich, schneller, verrückter und immer noch schneller. Rasend fegte der Wirbel der Entfesselten über spätnächtliche Felder und Wiesen hinweg, bis sie sich schließlich in der Ferne der Dunkelheit verlor.

Der jungen Bäuerin aber war der Milchzubringerdienst für alle Zeiten verleidet. Und das gründlich. Sie ließ es fürderhin lieber andere machen.

Man muss wissen: Die Gegend zwischen Pasing und Laim war damals reich an dunklen Wäldern, die heute leider alle abgeholzt sind.

Solche Erlebnisse, wie sie dem verschreckten Bauernmädchen widerfahren sind, hat man öfters berichtet; einmal wurden Fuhrleute von wilden, feurigen Pferden verfolgt, die ihnen schier ans Leben wollten, ein andermal, da haben schwarze Teufelsochsen den Weg versperrt.

Auch heute noch versperren manchmal Ochsen den Weg. Aber da liegt dann der Fall ganz anders.

Von Bräuchen, Sitten, Meinungen, Urteilen und Vorurteilen

Die Tauben im Rathausturm

Der alte Rathausturm, der nun längst wieder neu aufgebaut wurde, schließt unseren Marienplatz gen Osten hin ab und beherbergt seit geraumen Jahren ein liebevoll zusammengetragenes Spielzeugmuseum. Da um diesen Turm von jeher schon viel Wind gemacht wurde, findet sich ein originelles Wind-Mobile an seinem zugigen Durch-Bogen: Ein ehernes Flügelrad wie Windmühlen es haben, das tagein, tagaus das himmlische Kind einfängt und mit dieser billigen, weil aus der Luft gegriffenen Energie eine in sich selbst verspielte Klaviatur zum Spielen und zum Klingen bringt.

Und Tauben! Man sieht sie überall in unserer Stadt. Aber auf dem Marienplatze, da halten sie sich ganz besonders gerne auf und, wiewohl man ihnen heutzutage sogar mit »der Pille« zuleibe rükken wollte, sind und bleiben sie unausrottbar. Was auch wäre ein Stadtbild ohne Gurren und Flattern von Tauben? Ganz sicher würde ohne diese graublauen Viecher nicht nur die Lagunenstadt Venedig Schaden an »Ansehen« erleiden, sondern ebenso die bayerische Landeshauptstadt. Mit eben diesen Tauben vom (alten) Rathausturm, da hat es folgendes auf sich:

Denn man muss wissen, die Beliebtheit des Marienplatzes aus der Sicht einer Taube, das hat seinen lange, lange zurückliegenden Grund. Nicht erst das in neuerer Zeit legendär gewordene Taubenmutterl, dessen Denkmal man in einer Einkaufspassage ganz in der Nähe findet, hat zum traditionellen Wohlergehen der kopf- und kropfnickenden Gurrtiere beigetragen.

Schon im Jahre 1572 wird eine Geschichte erzählt und weitergegeben, die uns berichtet, wie man die Tauben am Rathausturme immer schon verhätschelt hat. Und das war so:

Des Ratsdieners Penz Töchterlein, die hieß Afra und hatte eine Vorliebe für jedes Vögelchen. Also auch für Tauben. So schritt das bildhübsche Ding jeden Tag die Turmtreppe empor und schaute durch die Türe, denn da war am Geviert eine Öffnung. Durch dies Guckloch sah sie zu, ob wohl alle ihre Lieblingstauben da seien.

Und die Tierchen waren mit großer Sicherheit anwesend, wussten sie doch in ihren stets nickenden Taubenköpfen, wie gut sie es bei der Afra hatten. Deren Vater, der Penz, sah das Verhalten seiner Tochter mit Wohlgefallen und unternahm nichts gegen das löbliche Tun der Jungfrau.

Gegen Tauben hatte damals (noch) keiner etwas.

Nun kam da eines Tages zum Penz ein Gastfreund, der hieß Reinhold. Damit ich es kurz und ohne Umschweife erzähle, der Reinhold warf auf die Afra von der allerersten Stunde an ein Auge. Nicht nur das. Er ließ dieses sein Augenmerk von nun an unablässig auf dem sittsamen Mädchen liegen und hatte seitdem nur noch ein einziges Ziel auf Erden: die liebe Afra zur Frau zu bekommen!

Die aber dachte immerzu nur an ihre Vögel. Da hieß es listig sein.

Damals hatten die Männer noch die Frauen zu fragen, ob das Weib dem Manne mitsamt seiner aufdringlichen Minne geneigt war und ob sie ihm gnädigst ihr Ohr zu leihen gedachte, vielleicht ein Leben lang. Dies Fragen aber fiel den streng und mit hohen Idealen erzogenen Männern oft sehr schwer. Anders war das als heute, wo die Frauenspersonen eh tun, was ihnen gefällt, und dabei weder gefragt werden brauchen noch irgendetwas auf der Welt sich fragen lassen. Am wenigsten von den Männern.

Der brave Reinhold also, der fragte erst mal Afras Vater, den Penz: Ob dieser denn mit seines, des Reinholds, Liebessinnen einverstanden sei?

»Aber ja doch«, kam da die Antwort, »sei nur recht mutig und frage artig die Afra, ob sie ihr Leben und ihre Tauben mit Dir teilen will!«

Im alten Rathausturm (der heute wieder so dasteht) dienten Tauben als Liebesbringer. (Historische Aufnahme)

»Aber ich trau' mich nicht!«

»Das allerdings kann Dir keiner abnehmen, lieber Reinhold«, sprach da der künftige Brautvater, »...und noch ein Hinweis auf eine List, die Du anwenden könntest: Die Afra steigt doch beständig auf den Turm, der Vögel willen. - Steig ihr halt nach!«

Das war so einfach nicht. Immer wenn der Reinhold von Liebe sprechen wollte, gurrte die taubenselige Afra: »Meine Tauben! Meine Tauben!« Und eilte den Turm hinauf.

(Heute würde man wohl urteilen: Ehrsam wird dieses Mädchen sicherlich gewesen sein, aber sie war mit einem ausgesprochenen Tauben-»Tick« geschlagen. Nun gut. Im Mittelalter dachte man nicht so psychologisierend.)

Nun sprach also die taubentolle Afra:

»Ist denn mein allerliebtes Täublein noch nit eingeflogen?«

»Nicht?« gab der Reinhold zurück.

»Nein. Muss gleich auf den Turm. Kommst mit?«

Da gab Afras Vater, der dies Gerede bei Tisch mitverfolgt hatte, dem Reinhold einen gewaltigen Fußtritt unter der schweren Holzplatte, die das Mahl trug, dass nämlich dieser Hornochse von einem Mann und künftigen Schwiegersohn endlich die Chance zur Erklärung seiner Minne wahrnehmen solle. Wenn er schon liebestrunken mit den Füßen nicht mehr auf der Erde stand, so solle er halt wenigstens auf Turmes Höhen von Liebe plaudern.

Nun gut. Man erklomm das Bauwerk am Marienplatz, Afra vorneweg, der Reinhold minnekrank hinterher. Es entzündete sich das übliche Geplänkel über Tauben, Nachtigallen, Vögel im allgemeinen, Liebe, Vorlieben, wobei jeder über alles redete, aber keiner über die gegenseitige Zuneigung.

Wie üblich.

Als nun aber die Afra immer wieder das Wort »Lieblingstaube« aussprach, fand der Reinhold einen billigen Aufhänger und erklärte das Mädchen schnurstracks zu seiner eigenen Lieblingstaube.

Jetzt entwickelte sich (wir wissen, dass das in solchen Situationen immer so ist), der übliche spielerische Minnekampf und -krampf, den man kennt, in dessen Verlauf musste der Reinhold gar neckisch drohen, das Mädchen im Turm einzusperren, um sie durchs Geviert mit seinem verbalen Liebestrommelfeuer weichzuminnen.

Aber alles ging gut hinaus. Afra tat verwundert, obwohl sie alles ganz so erwartet hatte, wie es kam; man beschloss die Heirat, und Reinhold dankte seinem Schöpfer, dass er den Mut, den Glauben und die Hoffnung gefunden hatte, das zu sagen, was Afra längst wusste, dass er würde sagen wollen.

Sie zogen gen Landsberg, und wenn sie nicht gestorben sind, leben sie noch heute.

Eine Taube hat es mir erzählt. Auf dem Dach.

Dies ist ein Buch von Magie. Der Leser wird zwischen den Zeilen viel über die Macht, Wirkung, – und Gefahr von Magie erfahren. Doch nichts verzaubert und »bannt« so auswegslos verteufelt wie die Liebe. Einfach himmlisch.

Der Schäfflertanz

Zu den wohl schönsten und ureigensten Münchner Stadttraditionen gehört ganz sicherlich der Schäfflertanz. Man kann ihn jeden Tag sehen: Beim Glockenspiel im Münchner Rathausturm, wenn die leuchtend rot gekleideten Schäffler, gleich unter dem »Turnier«, ihren Kronentanz drehen. Dazu erklingt die vom Glokkenspiel intonierte Melodie zu dem spaßeshalber von den Münchnern draufgesetzten Text: »Aber heit is 's koid....!« Die echten Schäffler aber lassen sich nur alle sieben Jahre sehen, dies geschah zuletzt im Jahre 2005 und wird demnach wieder 2012 stattfinden.

Dann fahren die (traditionellen) Mitglieder des heute leider fast ausgestorbenen Berufsstandes der Fass und Schaffmacher mit einem eigens dafür hergerichteten Bus durch die Münchner

Stadt und tanzen ihren lebensfrohen Kronentanz überall da, wo man sie hinbestellt hat. Das sind dann vor allem alteingesessene Münchner Firmen und Geschäfte, aber auch öffentliche Einrichtungen oder der Zirkus Krone.
Dazu spielt uns eine wirkliche Blasmusik die berühmt gewordene Tanzmelodie, der die Münchner, weil es im Januar, wenn der Schäfflertanz stattfindet, immer so schön saukalt ist, den lustigen Text dazugedichtet haben. Der Auftritt kostet eine Gebühr, nicht allzuviel Geld übrigens und, natürlich: Freibier, Schnaps und eine tüchtige Brotzeit.
Die tanzenden Schäffler sind lebendige Tradition aus der Pestzeit, die viele bilderreiche Sagen hervorgebracht hat. So »real« die Schäffler sind – ihre ersten »Auftritte« verlieren sich im historischen Nebel der Stadtsage.

Nachdem die Pest grausam gewütet hatte, wagte sich kein Mensch mehr aus dem Haus. Wie das halt so ist. Die Angst vor einer Krankheit wütet oft noch gewissenhafter als die Krankheit selber!

Aber wem sollte man die Todesangst verdenken! Damals war das Wissen um Hygiene nicht allzugroß. Das heißt, man wusste noch weniger als nichts über Anstekkung und Übertragung. Und wenn man etwas gewusst hätte, es hätte sowenig genutzt wie heute. Das medizinische Wissen im Volke war durch Gerüchte weitgehend ersetzt und durch Behauptungen, die wohl ganz und gar einem wilden Aberglauben unterlagen.

Ist das heute viel anders? Man muss doch nur an die »moderne« Geißel unserer Tage denken, an den so schwer zu fassenden Aids-Virus, der in tödlichem Klammergriff nach der Menschheit greift und schon jetzt deren Denken, Ängste und Moral mitbestimmt. Oder aber der BSE(Rinderwahnsinn-)-Skandal kurz nach der Jahrtausendwende: Ist nicht bald die Angst verheerender als die Ursache: Das Schüren von Angst bedeutet stets Schwarze Magie!

»Aber heit is's koid...!«
(Schäfflertanz, kolorierte Lithographie von Gustav Kraus, 1844, Münchner Stadtmuseum)

Damals also faßten, wie die Sage meldet, die Schäffler als erste wieder ein Herz und zogen auf die Straßen, gingen mit Trommeln und Pfeifen vor die Häuser und führten vor der verängstigten Bevölkerung lebensbejahende Tänze auf.

Modern ausgedrückt, könnte man wohl sagen, dass durch das beherzte Tun der Tanzenden ein »positives Denken« wieder um sich griff, denn das Volk ließ sich nur allzugerne erheitern und mit strahlender Lebenskraft erfüllen.

Wie so oft, wenn das rechte Vorbild da ist. Und umgekehrt.

Zum Andenken daran wurden diese Tänze wiederholt – hin bis zum heutigen Tage und hoffentlich auch noch recht weit in die Zukunft hinein.

Bis zum Beginn des 19. Jahrhunderts wird uns der Schäfflertanz so geschildert:

»Es werden dann (wenn die Zeit des Tanzens gekommen ist) zunächst gewählt: Der Umfrager, welcher sich erkundigt, wo getanzt werden soll, der Vortänzer, der einen mit Bändern geschmückten Stab hält, der Reifschwinger, auch ›Hans‹ genannt, und der Nachtänzer oder Spaßmacher, außerdem 16-20 Schäfflergesellen. Die Kleidung besteht aus einer roten Jacke, weißer Weste, über die sich das schwarze Pestband hinzieht, schwarzen Beinkleidern, gelbem Vorfell oder Schurz, weißen Strümpfen und schwarzen Schuhen mit Silberschnallen. Den Kopf schmückt eine grüne Kappe mit weißen und blauen Federn. Grün umkränzte Bögen, auch Wein in einer Kanne nebst Gläsern tragen die Schäffler bei sich. Vor den Häusern, wo getanzt wird, führen sie mit ihren grünen, bebänderten Reifen, die sie über sich halten, den künstlichsten Contretanz mit mannigfaltigen Figuren auf; die Hauptfigur heißt ›der große Achter‹. Die Musik spielt dazu die Weise:

›Gretel in der Butten,
Wieviel gibst du Oar?‹
›I gib net mehr, i gib net mehr,
als um an Krenzer sechsi
Und um an Batzen zwoa.‹
›Und wenn Du mir net mehra gibst,
Als um an Batzen zwoa,
So bhalt du deine Butten
und alle deine Oar!‹

Bei einer anderen Figur bilden die Tänzer einen Ring um den Hans, den Reifenschwinger, der, auf einem Fasse stehend, im Takt zwei Kugeln in die Höhe wirft und wieder auffängt. Hierzu spielt die Musik: ›Hansl geh fort! Gretl du aa! Hansl komm wieda! Grell du aa!‹

Der Reifenschwinger bedarf überhaupt besonderer Übung und Gewandtheit, da er am Schlusse ein volles Weinglas auf die innere Fläche seines Reifens setzen und mit diesem herumschwingen muss, ohne es zu verschütten. Dies Glas leert er hernach auf das Wohl der Hauseigentümer, und der schmucke Zug der Schäffler verabschiedet sich hiermit.

Der Lustigmacher, der sie begleitet, trug ehemals einen bizarr aufgekrempelten Hut mit den daran gesteckten vier Affen eines Kartenspiels, in der Hand eine lange Wurst und auf dem Rücken eine Butte, in der ein ausgestopftes altes Weib saß.

Hiervon hieß er selbst ›Gretel in der Butten‹.«*

Und indem der Text der Überlieferung hier fortfährt, erfahren wir von dem in der Sage erhaltenen Auftreten des Buttenweiberls nach dem Abklingen der schrecklichen Pestseuche in München:

»Gretel in der Butten«, dieser Name übereinstimmend mit dem Text des schon angeführten Liedes und der ganzen eigentümlichen Mummerei, sollte gleichfalls an die Pestzeit gemahnen, weil, der Sage nach, ein Bauernweib mit Eiern in der Butte sich nach Erlöschen der Seuche als erste in die Stadt gewagt hätte.«**

Diese »Gretel in der Butten« gab es seit Beginn des 19.Jahrhunderts nicht mehr beim Schäfflertanz. Dafür ist zu erfahren:

»Der ›Nachtänzer‹ oder Lustigmacher, von da ab als richtiger ›Wurstl‹ bunt gekleidet, trieb jedoch munter seinen Schabernack mit den Zuschauern, hatte es namentlich auf die Weiberleute und vor allem auf die ›Kocherln‹ abgesehen; bald suchte er einer das Gesicht zu schwärzen, bald ihr einen Kuss zu rauben. War der Tanz beendet, so zogen die Schäffler paarweise nach den Klängen des Marsches weiter, um an einer anderen Stelle die Vorführung zu erneuern.«***

* Helene Raff, So lang der Alte Peter, München 1950, S. 49 f

** Ebenda, S. 49 f.

*** Ebenda, S. 50.

Übrigens: Wein sieht man keinen mehr während des Tanzes, der Reifenschwinger bevorzugt da schon viel eher ein echtes Stamperl Schnaps, das er hinterher, nach Vollendung des Kunststückls, »blind« über den Rücken nach hinten schleudert, allwo es der zweite Hanswurst blitzschnell mit seiner Narrenkappe aufzufangen hat... natürlich in leerem Zustand, denn der Reifenschwinger hat es, auf das Wohl des Gastgebers, längst ausgetrunken.

Für denjenigen, der sich Textstellen des vorliegenden Buches »ergehen« oder »erwandern« will, noch schnell ein Hinweis:

In der Sendlinger Straße 86 – Eingang vom Färbergraben – besagt eine Inschrift, dass hier das Haus »Zum Himmelsschäffler« stand, von dem der Schäfflertanz seinen Ausgang genommen haben soll. Und am »Spatenhaus«, Fußgängerzone, wird auf Schildern behauptet während der »Tanzzeit«: »Stammgaststätte der Schäffler«.

Ihre Zunftgottesdienste pflegten die Schäffler im Dom zu halten, am Neujahrstage und am Tage St. Urbans, des Weinpatrons. Das war immer am 29. Juli.

1991 war übrigens ein recht trauriges Schäfflerjahr, weil, wegen des »Golf-Krieges«, der Fasching ganz ausfiel und auch die Auftritte der tanzenden Schäffler deutlich zurückgingen. Schade für die jungen Burschen, die neben den »erfahrenen« Tänzern dabei waren, denn für die Aktiven bedeutet die Tanzzeit immer Erlebnis, Vergnügen und vieles »Herumkommen«. Von der Brotzeit und vom Bier ganz abgesehen. 1998 und 2005 waren da schon bessere Jahre.

Nebenbei: Das Einschwärzen der Zuschauer mit Ruß durch den »Spaßmacher« symbolisiert den »Schwarzen Tod«, – die Pest. Interessant: Eine Art von spiritueller »Impfung«, denn durch das Sichtbarmachen des Schrekkens soll der Schrecken genommen werden.

Das Bäckerschnellen

oder:

Wie es einem im Mittelalter
»nass 'neigeh'« konnte

Geht man über den Viktualienmarkt und erfreut sich an den vielerlei Früchten, Kräutern, Würsten und Käsen, dann besuche man auch, neben den zahlreichen Metzgerläden, die da sind, einen Bäcker, kaufe sich eine Semmel und denke an folgendes: Hier, an der Südwestecke des Viktualienmarktes, befand sich dereinst im Mittelalter die »Ross-Schwemme«.
Und dort ging es den Bäckern, die schlechte Ware anboten oder gar mit falschen Gewichten gearbeitet hatten, im wahrsten Sinne des Wortes »nass hinein«.

Man darf die Sitten und Gebräuche und den Ehrenkodex einer Berufsgruppe im Mittelalter ganz sicherlich nicht mit unserem heutigen Nur-Profit-Denken vergleichen. Da hätte ein moderner Fußballspieler, der sich die Hälfte der Zeit vor aller Augen auf dem Platze ausruht und hinterher noch beteuert, ihm habe der innere Antrieb gefehlt, wahrlich nichts zu lachen! Genau so wenig zu lachen hatten aber auch Bäckermeister, die schlampige Ware ablieferten oder die sich gar hinreißen ließen, an den Gewichten der Ware zu manipulieren.

Sicher, wo kein Kläger ist, da ist auch kein Richter.

Aber wenn so eine Sache aufkam, dann hatte der betreffende Bäcker Schlimmes vor sich!

Er wurde unter großem Getöse und Trara von den Gerichtsschergen der Stadt aus seiner Backstube geholt und mit Pauken und Trompeten, das heißt, mit Trommelwirbel, Gejohle, Krach, Hohn- und Schmährufen der Schaulustigen, zu eben dieser Rossschwemme gebracht und al-

Ganz in der Nähe des Viktualienmarktes fand das grausame Bäckerschnellen statt. (Historische Aufnahme des Viktualienmarktes – von links – dem Alten Peter, dem Alten Rathaus, der Heilig-Geist-Kirche und dem Fischerturm)

so zu einem bereitstehenden Gerüst nahe dem Viktualienmarkt geschleppt. Dort, wo der Stadtbach durch ein Wehr aufgestaut war und gewöhnlich die Fuhrknechte ihre durstigen Rösser zum Trinken hinführten, da war jene grausige Vorrichtung angebracht, um die Schmach des liederlichen Bäckers zu vervollkommnen.

Er wurde nämlich, ob er das wollte oder nicht (und selten hat einer gewollt!) in einen Käfig verladen, der mittels einer Vorrichtung zwischen zwei Balken an einem Galgen hing. Dann tauchte man, der schwenkbare Galgen machte dies möglich, den armen Kerl dreimal vollends unter Wasser. Und wer kann sagen, wieviel Zeit sich die groben Gerichtsknechte dabei gelassen haben?

Wollten sie doch der gaffenden und nach Grausamkeit hungernden Menge das Schauspiel nicht vorenthalten, wie der im Käfig eingesperrte Bäcker beim dritten Male halbtot, blau angelaufen, prustend und schnaubend aus dem Wasser gezogen ward.

Wir brauchen nicht nachzuforschen, ob die Menschen, die johlend ringsum standen, dabei lachten und klatschten, ob diese Zeitgenossen das alles lustig fanden und ihren echten Spass daran hatten.

Wir wissen es! Leider. Denn der Mensch ändert sich in solchen Dingen nie, er war damals so, wie er heute ist: Zumeist, da hat er seine echte und rechte Freud' daran, wenn ein anderer herhalten muss und für Grobheiten büßen, die er selber, der Schadenfrohe, oftmals schon getan hat, aber ganz tief unten in der Mördergrube des Herzens verborgen hält.

Ein recht langer und gar zu sehr ins eigene Ich führender Weg ist es, bis dann der eine oder andere zur Besinnung kommt, seine eigene rabenschwarze Seite erkennt und zugeben kann, dass das Böse in ihm selber, so wie in uns allen steckt.

Erst, wenn man es als solches erkennt, auszusprechen wagt und sein bisheriges Fehlverhalten ernsthaft bereut, dann verliert es seinen Schrecken.

Doch heißt es immer, wachsam zu sein!

Nun denn, die Meute johlte vor Vergnügen, wenn dem »hineingetauchten« Bäcker an der Ross-Schwemme ordentlich die Luft wegblieb.

Man nannte die Vorrichtung deshalb folgerichtig »Die Bäcker-Schnelle«. Der Brauch hat sich noch bis ins Jahr 1810 in München gehalten.

Man stelle sich vor. Das Zeitalter der Romantik.

Das Aha-Bergerl in Nymphenburg: der Berg der Weisheit!

Wenn man den herrlichen Nymphenburger Schlosspark betrittt, und zwar vom Schloss her, dann gehe man sinnend am Kanal entlang, immer auf Westen zu, bis zu den Kaskaden, die, den Spaziergänger wabernd einlullend, sich zur Sommerszeit in ein Enten regiertes Kaskadenbecken ergießen. Nun wende man sich ein Stück nach rechts, dann wieder, an frei sich entfaltender Natur vorbei, nach links eine kleine Anhöhe begehend, und man sieht bald das liebliche Berglein, gekrönt mit einem Rundum-Holz-Bänkchen, über dem sich ein gemütlich anzuschauender, vor Regen und Wetter schützender Pilz wölbt.

Hier hast man den rechten Durchblick, auch in sein Inneres hinein, und so heißt auch das Fleckerl »Durchblick«, aber aus einem profaneren Grund, denn die hohe steinerne Mauer, die den Nymphenburger Schlosspark vollständig umschließt, die ist hier versenkt und durch einen breiten Graben ersetzt: Eben des besseren Durchblicks willen, des Durchblicks nach Westen hin, Richtung Blutenburg.*

* Weiter südlich verzeichnet der Plan des Schlossgartens noch zwei weitere »Aha«. Man hat so ganz einfach die dort befindlichen Sichtschneisen (und Bergerl) benannt.

Das Aha-Bergerl ist seit Generationen Schlittenbergerl für die Kinder, Ratschbergerl für jung und alt und Schmusbergerl für Verliebte in lauen Abendstunden im Mai.
»Aha!« wirst jetzt so mancher sagen, »so ist das also – warum aber heißt das Aha-Bergerl ›Aha-Bergerl‹?« Wollen wir hören, was uns die Sage berichtet.

Da hatte, vor mehr als zweihundert Jahren, ein Bauer aus Menzing sein Aha-Erlebnis: Der sollte eine Fuhre Holz ins Nymphenburger Schloss bringen. Der Winter war kalt, grausam und unerbittlich, und der Kurfürst wollte es unerbittlich warm haben.

Da grübelte der Bauer, der mit seiner Holzfuhre im Schnee stand, und er dachte ganz logisch: »Die kürzeste Verbindung zwischen zwei Punkten ist die Gerade«, so dachte er, »...warum also von Menzing aus den Umweg machen um den Schlossgarten herum?«

Und er schickte sich an, gleich »beim Durchblick« geradeaus auf das Schloss zuzusteuern, wo er, immer am Kanal entlang der Nase nach, den Sitz des Kurfürsten in gerader Linie erreicht hätte.

Aber ihm selber fehlte der Durchblick, denn beim Aha-Bergerl (das damals noch nicht so hieß!), da war der tiefe Graben, der die Mauer ersetzt und der heute noch dort klafft. Unüberwindbar für Mann und Fuhrwerk. Höchstens ein Spitzensportler, der würde es vielleicht schaffen, darüberzuspringen. Man braucht nur hinzugehen und es anzuschauen.

Nun eben, angesichts dieser unwiderrufbaren Tatsachen, mit kalten Stiefeln im gefrorenen Schnee stehend, tat der Mann einen der weisesten Aussprüche des Abendlandes: »Aha.« Und so heißt die liebenswerte kleine Anhöhe gleich daneben, die diesen Spruch vernahm, heute noch »das Aha-Bergerl«.

Wollen wir in Gedanken noch ein wenig bei eben dem »Satz«, der aus dem einzigen Wort »aha« bestand, verweilen:

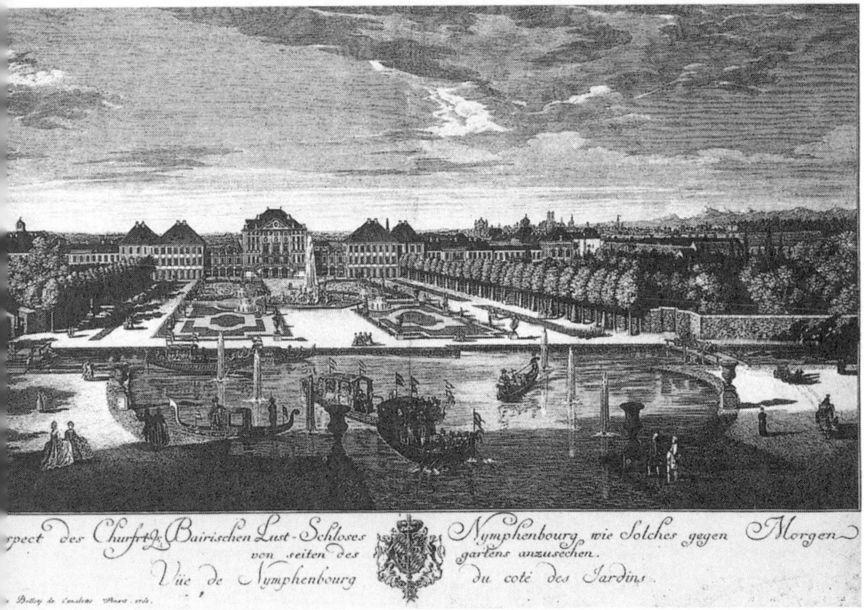

Dort, wo die Mauer des herrlichen Schlossparkes Durchblick gewährt (»point de vue«), da sagt der Münchner: »Aha!« (Ansicht des Schlosses Nymphenburg von der Gartenseite, Kupferstich von Franz Xaver Jungwierth nach einem Gemälde von Bernardo Bellotto, genannt Canaletto, von 1761)

Der Bauer hätte fluchen können, sich die Haare raufen, aus der Haut fahren, zur Flasche greifen und vieles Unsinnige mehr und so sich, seiner Seele und seiner Gesundheit schaden. Er übte indes Gelassenheit, kratzte sich am Ohr und sprach: »Aha«.

Er war nichts anderes als ent-täuscht. Und eine Enttäuschung bedeutet nur, dass man von einer Täuschung (»der kürzeste Weg«) befreit wurde.

Diese positive Einsicht, dieses Dazulernen, oft auch der Einbruch des göttlichen Ideenfunkens ins Irdische, das heißt hierorts schlichtweg »Aha«. Nicht mehr und nicht weniger.

Oft schon hat auf Bergen, wohl des besonderen Überblicks wegen, ein Aha-Erlebnis stattgefunden. Nur hat man dies dann mit großartigeren Worten umschrieben. Kann die bei uns seit einigen Jahren Mode werdende Zen-Meditation mit ihren Stufen der Erleuchtung, kann sie uns im letzten Grunde der Erkenntnismöglichkeit anderes sagen als »Aha«?

Man setze sich unter den Pilz des Aha-Bergerls, denke nach, meditiere und beginne kreativ zu faulenzen. Man lächle und versenke sich in die charmante Tatsache, dass in dem Wort Faulen»zen« das Wörtchen Zen längst schon enthalten ist.

Nicht nur das: Dieser wahrhaft magische (!) Park vereinigt alle Philosophien der Welt, – und keiner merkt es! Das Aha-Bergerl ist, seinem harmlosen Kosenamen zum Trotz, ein klassischer »Kraftort«, ein magischer Platz. Dementsprechend verlaufen die menschlichen Begegnungen, die dort stattfinden (können):

Ausprobieren und »offen sein«!

Sagen um die Frauenkirche

Der Teufelstritt

Wer um den Dom unserer Lieben Frau herumspaziert, der spürt, egal zu welcher Tages- oder Nachtzeit er seine Erkundungen anstellen mag, dass ein schneidiger Wind um alle Ecken pfeift.
Dieser Luftzug mag zur Sommerszeit noch als recht angenehm empfunden werden, im Winter aber, wenn die Temperaturen so um die null Grad liegen oder deutlich darunter fallen, dann empfindet der schaudernde Gast eine teuflische Kälte. Teuflisch? Das ist es eben, denn um den Dom herum pfeifen die Winde des Teufels.
Wer noch mehr als dieses »Pfui-Teufel-ist-das-kalt!« Erlebnis sucht, der geht durch das Haupteingangsportal und entdeckt just unter der Orgelempore den »Teufelstritt«.
Für den Kundigen: Der Tritt (siehe Schutzumschlag des vorliegenden Buches!) bildet die Diagonale eines Quadrates, er zeigt genau in Richtung des Altares... Zudem ist dieser in den Marmor gehauene »Tritt« ein magischer Ort ohnegleichen: ein sogenannter »abladender« Platz. Man kann hier alles Negative, alles, was einen bedrückt, »in den Boden« fließen lassen. Das, was einen nach unten ziehen will, kann dort mit dem Ausruf » Zur Hölle damit!« zur Unterwelt geschickt werden!
Alsdann kann man aufrechten Ganges und geraden Blickes befreit und gereinigt vor Gott, seinen Schöpfer treten.

Man sieht ganz genau, dass da der Teufel so wütend aufgestampft haben muss, dass sich der Abdruck seines Fußes in den kalten Marmor grub.
Über den Wind vor der Kirche und diesen Tritt im Fußboden des Domes gehen mehrere Sagen und Erzählvariationen, die zumeist das Motiv des »Paktes mit dem Teufel« variieren, wobei eine Hauptperson mit dem ewigen Verführer verhandelt, ihn oft auch gebrauchen mag; am Ende aber sämtliche Schliche dazu hernehmen muss, um die eigene Seele zu retten.

Nun ist der Dom über fünfhundert Jahre alt, aber zur Zeit seiner Erbauung, da hat sich gar manche Absonderlichkeit zugetragen. Als das backsteinerne Sakralgebäude nahezu fertig dastand, jedoch noch nicht geweiht war, da hatte der Teufel Angst, das fromme Menschenwerk könnte ihm zu viele Seelen verlustig gehen lassen. Lud doch die Frauenkirche, damals wie heute, ein zu Demut und hingabevollem Gebet.

Der Teufel also dachte daran, den steingewordenen Weiheakt zu zerstören, und zwar von außen her mit seinen blindwütigen Winden, von innen her aber mit nakkter teuflischer Wut und Verrücktheit.

So sprang er in die Kirche hinein, voll der schlimmen Absicht, diese zu zerstören. Als er sich unter der Orgelempore wiederfand, da sah er aber kein einziges Fenster.

Hui, war das ein Labsal für den Widersacher, der sich doch nur über misslungene Sachen zu freuen vermag! Vor Freude und Vergnügen schrie er, wie ein ungezogenes Kind: »Ha! Künftig werden die Diener Gottes sauber im Dunkeln hocken müssen!«

Denn er war blind in seiner Teufelsgier, blind für die Tatsache, dass die hohen Kirchenfenster, von dieser Stelle aus betrachtet, wo er stand, genau hinter den dicken Sänlen liegen. So dass nur er sie nicht zu sehen vermochte.

Und voll von zerstörerischem Hass stampfte Satan mit dem Fuss auf, so vehement, dass man den Abdruck noch heute sehen kann. Genau an der Stelle, wo er stand.

Die Teufelstritt-Sage wird aber auch anders erzählt, wobei der »Pakt mit dem Teufel« eine noch bedeutendere Rolle spielt:

Da hat der ehrgeizige Kirchenbaumeister Jörg sich also vom Satan unterstützen lassen, weil er mit seiner eigenen Kunst damals nicht recht weiterkam.

Es ist immer so eine Sache, mit dem Fürsten der Unterwelt einen Pakt eingehen zu wollen, denn der Teufel bleibt

Beim Bau des Domes war der Teufel tüchtig mit im Spiel: Wohl sah er das Licht, aber keine Fenster.

ein gar gerissener Geschäftspartner. Erst lockt er mit großen Versprechungen, und sein Opfer darf sich in den lieblichsten Erwartungen wiegen, dann aber, kaum dass der kurze Traum von Reichtum, Können und Erfolg erfüllt ist, dann fordert der Teufel sein Recht ein und klagt unnachgiebig und mit steinernem Herzen auf die Erfüllung des Vertrages zu seinen Gunsten.

Oh ja, er ist ein grausamer Schuldeneintreiber!

Und wollen tut er dann immer dasselbe, nämlich die Seele seines Opfers und dessen völlige Verderbnis.

Auch dieses Mal stellte der Teufel eine Bedingung, nämlich die, dass man in der fertiggestellten Kirche keine Fenster werde sehen dürfen. Denn dann, so folgerte er listig, würden die Gottsuchenden bald ausbleiben und willfährig seinen Lockungen und Versuchungen folgen.

Nach Vollendung des Domes führte der Meister Jörg ihn also an die Stelle unter der Orgelempore, von wo aus, wegen des optischen Schnittes mit den Säulenreihen, ganz und gar kein Fenster zu sehen ist.

Der Teufel, wutentbrannt über diese List des klugen Bauherren, trat augenblicklich ein klaffendes Loch in den marmornen Kirchenboden hinein.

Einen satanischen Fußtritt, den man heute noch anschauen kann! Man muss nur hingehen und seine Augen aufmachen.

Auch ist uns ein Gedicht aus früheren Zeiten überliefert, das uns die Sage vom Teufel, vom Wind und von dem wütenden Fußtritt erzählen will:

»Zu München an der Isar Strand
schaut hoch ein Dom ins weite Land
Zu Ehren unserer lieben Frau
ward aufgeführt der fromme Bau.
Und als er von Gerüsten frei,
da ritt der Teufel just vorbei.
Und bleibt betrachtend unterm Chor.
Er ritt hinein durchs offne Tor
Den Wind, auf dem er angesprengt,
den hat er außen angehängt.
Des Tempelbaues Herrlichkeit
erregt des Teufels Gall und Neid,
macht ihm das schwarze Herz so bang
Das Spitzengewölb, der Bogengang,

der schlanken Säulen Doppelreih'
entpresst ihm einen Zornesschrei.
So schaut er ringsum, schaut zurück,
da heitert plötzlich sich sein Blick
und triumphierend ruft er aus:
›Es ist kein Fenster in dem Haus!‹
Und so voll Freud war Satanas,
dass er den armen Wind vergaß,
der hier aus vollen Backen bläst,
bis ihn der Teufel einst erlöst.*
Auch ist der schwarze Tritt noch da,
von wo der Feind kein Fenster sah.«

Nachdem er in der Kirche keinen Platz fand, hat sich der Teufel gleich nebenan im Norden eingenistet. Da ist die Löwengrube mit der Rückfassade aller großer Bankhäuser ...

* Die Idee, dass der Teufel den Wind dereinst »erlösen« wird, die findet sich allerdings nur in diesem Gedicht. Aber wer weiß. Vielleicht holt er ihn doch noch einmal ab. Obwohl frischer Wind den Münchnern und ihrer Denkart noch niemals geschadet hat.

Der Wind um die Frauenkirche

Es geht aber auch noch eine weitere Sage, die das ständige Wehen eines frischen Windes um den Dom herum zu erklären sucht. Auch hierbei spielt die Fertigstellung des Kirchengebäudes eine Hauptrolle, der »Teufelstritt« allerdings bleibt von geringerer Bedeutung

Als der erhabene Bau Unserer Lieben Frau fast fertig errichtet dastand, da bekam der Teufel Wind von der Sache. Das will heißen, dass er, der alles immer so genau wissen muss und will, reichlich spät von der schon fast fertig gediehenen Trutzburg, die da gegen ihn errichtet werden sollte, erfuhr.

Denn der Dom stand knapp vor der Einweihung.

Einweihung!

Da pressierte es dem Widersacher alles Guten und Schöpferischen nicht wenig, hinzueilen und sein Zerstörungswerk zu beginnen. Den Wind als teuflischen Gesellen nahm er gleich mit, in der festen Absicht, diesen als verheerendes Abrisswerkzeug einzusetzen.

Zunächst aber wollte Luzifer die Kirche von innen sehen, er gab dem Wind eine scharfe, knappe Anweisung, draußen auf ihn zu warten.

Das tut er, der Wind. Bis heute. Und das kam so:

Kaum war der schwarze Teufel in das Gotteshaus hinein gesprungen (man kann übrigens heute noch den Fußtritt sehen, wo er stand!), da sah er kein einziges Fenster. Denn die hohen Kirchenfenster des Domes sind, wenn man an eben der bezeichneten Stelle steht, von den mächtigen Säulenreihen optisch verdeckt. Oh, wie froh war da der Teufel über das vermeintlich misslungene Werk!

Er lachte gellend auf wie tausend Teufel und setzte übermütig zur Seitentür hinaus, den Wind aber ließ er stehen. Den vergaß er ganz einfach.

So lebt der Teufel bis heute in dem Irrglauben, der Dom zu Unserer Lieben Frau sei ein Werk der Finsternis und stünde ganz ohne Licht da.

Der brave Wind aber, der geht immer noch um die Kirche herum und sucht traurig sein Herrchen. Kein Wunder, dass es dadorten so sehr zieht.

Merke: Nicht nur gotische Kirchenfenster sieht man sich besser von innen an und nicht nur von außen. Auch wenn man das Wesen eines Menschen ergründen will, muss man ihn »von innen« angucken.

In Kirchenfragen aber, das steht fest, kommt es ganz besonders auf den »Standpunkt« an. Der Teufel hatte offensichtlich den falschen Standpunkt, als er damals da stand, wo jetzt der Tritt ist. Daher der Name Fehltritt.

Der Balken in der Frauenkirche

Viele bilderreiche Sagen spinnen sich um den Bau des Domes Unserer Lieben Frau, so wie um zahlreiche bedeutende Gebäude und deren Entstehungsgeschichte sich oft Sagen und Geschichten ranken.

Nun lässt sich ja zum Beispiel der »Tritt des Teufels« unter der Orgelempore tatsächlich anschauen, und wer will, der darf sich an der dazugehörigen Sage erfreuen, die auch in diesem Buche auftaucht.

Ebenso wäre es möglich (das behaupte ich jetzt einfach!), auf dem Dachboden des Liebfrauendomes einen Balken zu besich-

tigen, der heute noch dort oben herumliegt, um von der legendären Kunst des Zimmermannes zu künden. Davon gleich.
Wie gesagt, dieses wäre möglich, die Rede ist nicht davon, dass es tatsächlich möglich ist!
Denn, lieber Leser, das kann beim allerbesten Willen nicht angehen, dass jedem wenn auch noch so Interessierten Zutritt in den dunken Dachstuhl des Gotteshauses gewährt wird, nur damit sich dann dieser neugierige München-Kundler von der Richtigkeit der Behauptung, dass da ein Balken herumliegt, überzeugen mag.
Man möge mir also in diesem Falle ganz einfach glauben, dass es so ist.
Aber: In Kirchenangelegenheiten muss man ohnehin vieles glauben!

Nicht alles läßt sich mit eigenen Augen anschauen, oder? Und doch ist gerade das, was keiner sehen kann, am meisten gegenwärtig. Dieser lose Balken möge nun vor Deinem geistigen Auge, Deiner Phantasie, recht breit herumliegen, so schwer und bedeutungsschwer, wie er das für die Sage »vom Balken in der Frauenkirche« nun einmal ist.

Ich für meine Person will mich gerne als Vorbild des Glaubenkönnens solcher Erzählungen hergeben, denn auch ich habe diesen Balken nicht selber besichtigt, sondern alles nur ordentlich und gewissenhaft »aus der Sage« erfahren.

Sagt die Sage doch, was so geredet (ge-sagt) wird. Und was könnte das anderes sein als die Wahrheit!

Nun also hat der brave Zimmermann, seines Zeichens wohl als Genie anzusehen, auf dem hochgelegenen Dachboden den berühmten Balken liegengelassen, um zu beweisen, dass dieser im Gebälk irgendwo fehlt. Absichtlich.

Oh, was werden unsere heutigen Statiker dazu sagen. Doch das Dachgebälk hielt trotzdem. Der Zimmermeister, ein Könner und Schelm, hatte nämlich folgendes im Sinne:

Nachdem das Gerüst vollendet war, da nahm er an einer Stelle, die keiner wusste ausser ihm, den betreffenden Balken heraus. Und man hätte ihm nun sagen sollen, wo denn das wichtige Stück Holz fehle oder hingehöre. Dieses aber vermochte kein Mensch zu erkennen und festzustellen – bis heute.

Und damit ist die unübertreffliche Kunst des Zimmermannes bewiesen, ganz sicher aber auch dessen Leichtsinn und, unübersehbar, die Eitelkeit.

Doch gönnen wir ihm die menschliche Schwäche der Selbstdarstellung.

Hochmut kommt vor dem Fall, aber der Dachstuhl hat gehalten, nichts ist eingefallen, nur die verheerenden Bomben des Zweiten Weltkrieges konnten ihn zerstören.

Ob wohl der »sagenhafte« Balken immer noch da oben herumliegt im restaurierten Dachstuhl...?

In der Sage ganz gewiss und wahrhaftig.

Die Sage von der Gründung des Münchner Domes

Dort, wo heute der Dom steht, in Würde über 500 Jahre alt wurde und dazu die Winde des Teufels hurtig um sich herum tanzen lässt, da stand dereinst ein Kirchlein zu Ehren Unserer Lieben Frau.
Nach der Wieskapelle bei St. Peter war dies das älteste Gotteshaus Münchens.

Diesem Kirchlein ging es wohl nicht anders als den meisten Kirchen in anwachsenden Städten. Es wurde zu klein.

Ob daraus abzulesen wäre, dass der Glaube beständig gewachsen sei, das sollten wir anzweifeln. Wohl eher wird es so sein, dass mit dem Wachsen der Städte die Einwohnerzahl mitgedeiht – das steht nun einmal fest, dass es so ist –, und damit wächst natürlich auch die Anzahl der Gläubigen!

Auf diese Weise und dieser Logik folgend, wäre eine große Stadt zwangsläufig eine recht gläubige Stadt, eben weil sie groß an Einwohnern ist.

Nun denn. Das Marienkirchlein eben da, wo heute der Dom steht, es wurde einfach zu klein. Man erweiterte es im 13.Jahrhundert, aber es war immer noch zu klein. Bei den Messfeiern herrschte drinnen eine so drangvolle Enge, wie heutzutage bei der Osterliturgie, also dann, wenn sogar noch der letzte und ausgehunlustigste Fromme sich aktivieren läßt zum Besuch der Heiligen Messe.

Dazu muss der Glaube keineswegs brennen wie Feuer, die Sage indes, die vom »Neubau« der Kirche handelt, von unserem geliebten behäbigen Liebfrauendom, die hängt mit Feuer zusammen:

Da soll es nämlich in der zu klein gewordenen Kirche eine wütende Feuersbrunst gegeben haben. Und schon entstand das, was man heute eine Panik nennt.

Einer schreit, und alle tun das Falsche!

»Feurio! Feurio!« So brüllte irgendeiner in der Masse.

Und alle stürzten sich in alle Richtungen, aber keiner in die richtige. Und wer tatsächlich zum Ausgang strebte, dem war dieser Weg gründlich verwehrt. Denn alles ging vollends drunter und drüber. Mit der Frömmigkeit, der Nächstenliebe, dem Mitleid oder gar der Rücksichtnahme war's so ganz und gar vorbei wie immer, wenn halt der Mensch in derartigen Situationen sein Menschsein verliert.

Verliert er es? Vielleicht ist er dann erst so richtig Mensch.

Jeder dachte nur an sich, das war das Schlimme, weil dadurch jeder jedem im Wege stand.

Schließlich aber setzten die Allerbrutalsten sich doch durch, trampelten hinweg über Schwächere und gelangten zum Ausgang. Dort stellte sich schnell heraus: Von einem Brand weit und breit nichts zu sehen! Man hatte sich wegen eines »blinden Alarmes« so blindwütig aufgeführt.

Der Mensch als entfesselte Masse – er verhielt sich damals genauso wie er es Jahrhunderte später tat in den Fußballstadien. Doch auch damals gab es einen Toten zu beklagen. Das schönste Mädchen der Stadt, ein blutjunges Ding in den allerbesten Jahren, da lag sie, jämmerlich tot getrampelt.

Jetzt herrschte die sogenannte Betroffenheit in der Stadt, das »Ja-wenn-doch…«-Gefühl, das man auch heute nach derartigen Unfällen beobachtet und das doch nur eine Mischung ist aus Sensationsgier und dem schaurig-wohligen Gefühl, dass es einen »nicht selber erwischt« hat.

Diese Kunde von dem Geschehnis und dieses Betroffensein machten auch den Herzog Sigismund betroffen, ganz und gar betroffen sogar. Denn der Fall betraf ihn oder vielmehr sein Gemüt besonders.

Zunächst aber schenkte er der Öffentlichkeit das Versprechen, ein neues Gotteshaus zu stiften. Er machte dieses folgenreiche Versprechen aus einem spontanen Entschlusse heraus. Und das hatte so seinen Grund. Heute würden wir wohl sagen in unserer psychologisierenden Sprache: »Er hatte ein Erlebnis aus seinen jungen Jahren noch nicht verarbeitet.« So war es denn auch, und deshalb ging ihm der Tod des jungen Mädchens so nahe und wühlte seine Herrscherseele auf.

Denn in seiner Jugend, da hatte er sich unsterblich verliebt. Das ist durchaus keine Schande, auch für einen Herzog Sigismund nicht; die ganze Sache war nur komplizierter, als ihm lieb sein konnte. Hört: Bei dem Mädchen seiner Träume, da handelte es sich um eine Bürgerliche.

Oh, lieber Leser, die Zeiten waren gar anders als heute,

da ein jeder Prinz, so es noch welche von der Gesinnung her gibt, sich gar so billig als nur möglich zu verkaufen trachtet. Und wo (fast) jede Prinzessin der westlichen Welt die ganze Halbwelt der halben übrigen Welt in ihre Betten läßt. Und duldet, dass darüber berichtet wird.

Oder, noch schlimmer: Eine englische Prinzessin sich öffentlich scheiden lässt und an der Seite ihres Liebhabers verunglückt ...

Nein, neuzeitliche Fürstentümer waren in der Form ihres »öffentlichen« Auftretens durchaus noch kein Begriff, der Ehrenkodex, der war streng und das, was man von einem Herzog erwartete, das war klar umrissen. Noch klarer umrissen allerdings stand fest, was die strenge Öffentlichkeit und mehr noch die eigene Familie von einem so hohen Abkömmling keinesfalls erwartete: Dass er daran dachte, sich mit einem bürgerlichen Mädchen einzulassen oder gar so einen Skandal zu inszenieren, diese zu heiraten!

Doch der junge Spund, er loderte in jenem Gefühle entbrannt, das man landläufig Liebe nennt; er vergaß schier alles, was die Vernunft in seinem Gehirn bereitzustellen versuchte.

Die von ihm Angebetete dachte über die Sache weitaus klarer und distanzierter, sie wollte in nichts einwilligen. Und das, obwohl Sigismund mit Gewalt sie zu seiner Gemahlin machen wollte.

Oh, junger Herrscher, wozu hast Du denn ein Hirn in Deinem Kopfe, dass Du blinde Leidenschaft mit Liebe oder gar Heiratsabsichten verwechseln musst!

Und das »Objekt der Begierde« hätte gern, und das mit den besten Gründen, vor ihm seine Ruhe gehabt. Das mag verwundern, vor allem uns heutige Leser und Konsumenten der Regenbogenpresse.

Denn man möchte wohl gerne annehmen, diese so sehr Verehrte hätte in der selbstlosen Liebe des Herzogs eine »Chance« gesehen, eine Möglichkeit zum sozialen Aufstieg sozusagen, zur »Heirat nach oben«.

Oh nein. Das junge Ding damals zur Zeit, als noch nicht einmal die Frauenkirche stand, es dachte durchaus nicht so, vielleicht zum guten Teil aus Anstand und Ehrlichkeit, da sie diese Liebe keinesfalls zu erwidern vermochte.

In der Hauptsache aber hatte sie Angst, Lebensangst gar. Denn die Verbohrtheit eines Herzogs auf eine Bürgerliche konnte tödlich sein. Deshalb schlug sie sein Ansinnen aus und heiratete einen Mann »ihresgleichen«. Dafür gab es einen recht guten Grund:

Denn sie hatte nur allzu deutlich das Schicksal der Agnes Bernauer vor Augen, die den Vater des Sigismund geehelicht hatte. Oh ja, das brachte die Bernauerin in Schwierigkeiten, die gar ihrem Leben ein Ende setzten, diese Heirat trug ihr Ärger über Ärger ein, bis ihr endlich das Wasser bis zum Halse stand. Und eben das wusste das junge Mädchen, war vorsichtig und gab dem um sie werbenden Herrscher einen Korb.

Das schmerzte Sigismund so sehr, dass er, in einer Art Dauerschock, für immer unverheiratet blieb. Vielleicht war dies sowieso das beste für ihn.

Als er nun von dem Tod eines Mädchens in der Kapelle hörte, da kam der alte Schmerz an den Tod seiner größten Liebe in ihm hoch. Und er stiftete den Dom.

So die Sage...

Ganz so war es aber nun nicht, denn zu einem derart großzügigen Unterfangen hätte ihm das Geld gefehlt.

Erbaut wurde der Dom von der Münchner Bürgerschaft und der Geistlichkeit. Das herzogliche Haus half allenfalls mit.

Und so hat die Sage wieder mal ihren wahren Kern.

Wie aus einem tiefen Brunnen

Der Spiegelbrunnen

Dort, wo die Theatinerstraße in das Schrammergässchen hinein ein Eck bildet (gegenüber der ehemaligen königlichen Polizeidirektion), befand sich ein Ort, der hieß in alten Zeiten das »Spiegelbrunneneck«, und dieser Ort kommt unter ebendem Namen schon in einer Urkunde vom Jahre 1543 vor.
Noch vor etwa fünfzig Jahren war an diesem Hauseck ein Gemälde angebracht, welches ein hahnartiges Tier, wie man den fabelhaften »Basilisken« zu malen pflegt, vorstellte.
Vor diesem Hause stand damals an derselben Stelle, wo noch jetzt der Schöpfbrunnen steht, ein Zieh- oder Kettenbrunnen. Hierüber geht folgende Sage:

Vor vielen, vielen Jahren, da hauste in diesem Brunnen ein Basilisk, wie man so ein Scheusal zu nennen pflegte. Ein Basilisk, das ist ein ganz abscheuliches Untier, ein schrecklicher Hahnendrache mit furchterregendem Aussehen, grauenhaft von Gestalt und ständig missgelaunt.

Und erst der Blick! Ein Basilisk schaut jeden, der ihm in die Augen guckt, so abgrundtief böse und tückisch an, dass der Betreffende sofort und auf der Stelle mausetot umfallen muss.

Viele rechtschaffene Münchner haben auf diese schlimme und gemeine Weise schon ihr Münchner Leben verloren: gestandene Männer, die nur »so im Vorbeigehen« in den Brunnen schauen wollten, rechtschaffene Weiber, die dadorten Wasser zu schöpfen hatten, aber auch unschuldige Kinder, die, wie Kinder halt so sind, an keinem Brunnen vorbeigehen können, ohne ihre kleinen Hände hineinzustecken, um im kühlen Nass herzerfrischend zu planschen und zu pritscheln.

Der Basilisk aber, der wartete nur auf eine solche Gelegenheit, still saß er in der kalten Tiefe des Brunnens und hielt sich ruhig, lauernd wie ein Krokodil; diejenigen aber, die seiner ansichtig geworden sind, die haben es nie überlebt.

Freilich wurde es mit der Zeit in der ganzen Stadt, wenigstens aber im Stadtviertel, bekannt, was mit dem Brunnen los war und dass ein Blick in denselben stets tödlich endete. Denn schließlich waren die Leichen, die täglich eben an dieser Stelle lagen, nicht mehr zu übersehen. Oh, wie warnten Mütter und Väter ihre Kinder, wie sehr ermahnten die Erwachsenen sich gegenseitig zu steter Wachsamkeit!

Aber wie das halt so ist.

Die menschliche Neugierde hat schon manches Mal der Vernunft ein Schnippchen geschlagen.

Doch nun sollte es ganz anders kommen und die Vernunft der Neugierde zum Verhängnis werden:

Der Magistrat der Stadt, der aus lauter ehrbaren und weisen Männern bestand (das ist heute ganz anders!), dieser Rat fing an, über das Problem nachzudenken. Und er dachte ganz logisch.

»Wenn es wirklich so ist, wie die Erfahrung lehrt, dass nämlich der Blick des Basilisken töten kann.... warum lassen wir ihn dann nicht in sein eigenes Spiegelbild schauen? Dann muss er sich selbst in die bösen Augen sehen und wird, wenn wir Glück haben, sterben!«

Aber würde dieser Trick gelingen?

Nun, man versuchte es. Man schaffte einen grossen, blank polierten Spiegel herbei und hielt diesen über den Brunnen. Dabei machte man ein Mordsgetöse, damit der Basilisk nur recht aufmerksam werde. Dabei gaben sich die mit dem Spektakel Beschäftigten Mühe, nicht selbst in den Brunnen hinein zu schauen. Wussten sie doch nur allzugut, was dann mit ihnen passieren würde.

Der Basilisk aber, dem war mit einer List schwer beizukommen. Denn Basilisken sind nicht dumm. Die durchschauen mit ihrem teuflisch-verdrehten Denken menschliche List sofort. Weil der Mensch hat vom Teufel erst die List gelernt!

Der Teufel aber, der ist neugierig, so wie er stets gierig ist nach neuen Seelen. Und auch der Basilisk war teuflisch neugierig! Und er sah zu, was da oben am Brunnenrand geschah. Hoffte er doch auch in seiner mordlüsternen Bosheit auf ein neues Opfer, das er mit Blicken hätte töten können.

Er blickte nach oben, sah seine bösen Augen im Spiegel und war sofort tot.

Das wussten die tapferen Männer, die den schweren Spiegel hielten, gleich, denn einem herzzerfetzenden Grunzen und Ächzen, einem tierischen Aufschrei des Grauens folgte ein lauter Platsch.

Das war der tote Basilisk, der in das kalte Nass des Brunnenwassers zurückgeplumpst war und leblos dort unten trieb.

Man schaffte den toten Kadaver mit vieler Mühe nach oben und legte das gelblich-grünschwarz schillernde Untier, das tropfnasstot dalag, vor die Brunnenummauerung, bevor es für immer aus der von solcher Unbill befreiten Stadt München weggeschafft wurde.

Der Brunnen aber, der hieß seitdem »der Spiegelbrunnen«.

Anmerkung für kundige Leser: Magie pur! Teufel, Spiegel und Selbst-Erkenntnis! Der Dämon sieht sich endlich, wie er ist, - und ist hin.

Gut, dass fast keiner um solche Macht weiß, heutige Psychologen wären arbeitslos. Denn diese zwingen zur stückweisen Selbsterkenntnis und lassen ihre »Opfer« zerstört links liegen ... wenigstens mußte der Basilisk für sein gespiegeltes Ego-Erlebnis nicht auch noch zahlen!

Das Hungerbrünndl am Dom

Ein Spaziergang zur Frauenkirche lohnt sich für den »Sagen-Sucher« allemal: Vieles, wovon die Sage uns erzählt, lässt sich da mit eigenen Augen angucken wie etwa der Teufelstritt, anderes muss man einfach glauben, so die Mär vom »Balken im Dachstuhl«, den sagenhaften Klang der Glocken kann man hören, den »Wind des Teufels« allerdings, den spürt der interessierte Stadtbummler sogar körperlich.
Das kleine Brünnlein hingegen an der Außenmauer des Domes, das sich hier einmal befand, das muss man sich einfach vorstellen.
Aber dagewesen ist es tatsächlich einmal und daran war die Inschrift: »Wer gsund sein will an Leib und Seel, der flücht zu dieser Brunnen-Quell.«
Aus diesem Brunnen floss nicht nur hell und klar das Wasser heraus, sondern auch der Aberglaube des Volkes sprudelte genauso mit, ein fester Glaube um die angebliche Kraft und Wunderwirkung, die dieses Brünnlein gehabt haben soll.
Aberglaube?

So leichtfertig soll man den Wunsch nach Genesung, der einem Menschen »mit gesundem Empfinden« inne wohnt, nicht abtun. Ist es nicht besser, der Leidende denkt intensiv und mit Hingabe an seine Genesung und lenkt alle Kraft der Gedanken darein, wie er den eigenen Körper wieder in Einklang bringt mit der Schöpfung? Und indem er das tut, also »mit der Schöpfung« den Geist ausrichtet und lebt, da wird er gesund, ob er es glaubt oder nicht.

Das heisst, er glaubt es ja, dass er gesund wird, sonst würde er sich nicht mit der Symbolkraft des Wassers beschäftigen. Der Glaube hat schon so manchem geholfen, in der Sage allemal. Und so war es eben auch mit dem Glauben an das Wässerlein, das aus einem Brunnen an der Außenmauer des Domes sprudelte.

Man erachtete dies Wasser für heilkräftig nicht nur bei körperlichen Leiden, sondern auch bei seelischen.

Die Seele nämlich vermag genau so schwer zu erkranken wie der Körper, ja viel schlimmer noch, und gerade bei der Seele ist es so, dass nur der Glaube zur Gesundung beitragen kann. Wird aber die Seele gesund, dann erholt sich auch der Körper recht schnell.

»Heil sein« bedeutet nämlich »ganz sein«, es ist dann die Einheit wieder hergestellt.

Der Mensch denkt aber immerzu dialektisch, er glaubt fest, dass alles, was gut ist, auch eine böse Seite haben muss. Vielleicht geht er da von sich selbst aus?

Dieses eigenartige Denken des Menschen jedenfalls betraf auch den Brunnen mit dem Wunderwasser.

»Wenn's Brünndl nimmer fließt, dann geht's uns schlecht!« so redeten die Leute daher.

Typisch. Es gibt und gab halt unter uns Menschen nicht nur die Optimisten, die immerzu das Gute erwarten (und sich dann auch gar nicht wundern, wenn es eintrifft; man nennt dieselben »Glückspilze«, denn das Glück sucht am liebsten jene heim, die es demütig, aber freudig erwarten wie ein aufmerksamer Gastgeber)..., sondern es gibt halt leider auch notorische »Schwarzseher«, die gar nicht anders können, als überall das Miese zu erwarten, zu suchen und natürlich folgerichtig auch zu finden.

»Ei, was habe ich Pech im Leben!« jammern sie und tun weiter alles, damit sich das Pech in ihrem Dasein nur recht wohl fühlen möge.

Alles, was man fest erwartet, das kommt auch. Ob man's glaubt oder nicht. Es kommt, weil man's glaubt.

Magie pur!

Also erinnerten die Miesmacher jener Tage an die große Trockenheit, die unter der Regierung von Kurfürst Maximilian III. das Land heimgesucht hatte und der eine Hungersnot gefolgt war, die damals ganz Bayern überschattete und verheerte.

Und man behauptete felsenfest, dass damals, kurz vor Ausbruch des Übels, das Brünnlein versiegt sei und damit die Katastrophe vorausgesagt habe.

Wir wollen lieber »positiv denken« und uns an den Wunderheilungen des frisch dahersprudelnden Sagen-Wassers erfreuen. Dann bleiben auch wir gesund. Ganz bestimmt.

Bittere Tränen in der Magdalenenklause haben die Augen geöffnet

Ein Spaziergang durch den Nymphenburger Schlosspark lohnt sich für den Be-Sinnung suchenden Bummler allemal. Kommt doch das Wort Besinnung nicht von ungefährvon »Sinn«, und wer nach demselben frägt, der ist bei der Magdalenenklause gerade richtig.

Zugegeben, man könnte die Sinnfrage ebenso angesichts der Preise im nahegelegenen »Palmenhaus« über einer Portion Kaffee stellen, anspruchsvoller aber ist es doch, vom Schloss her kommend noch ein Stückchen geradeaus zu wandeln, dann die kleine Brücke zu überqueren und nun sich nach rechts zu wenden, bis schließlich das einsam im Grün versteckte Bauwerk auftaucht.

Diese äußerlich als künstliche Ruine gebaute Klause oder »Eremitage«, die im Inneren als Grotte ausgestaltet ist und vier einfache, zellenartige Wohnräume hat, wurde in der Spätzeit Max Emanuels, also ab 1725, von Joseph Effner erbaut.

Wer davor steht, der möge nicht einfach stehenbleiben, sondern sei vielmehr eingeladen, sinnend außenrum zu gehen, die Energie dieses Ortes zu spüren (sehr stark abladend, bitte Vorsicht bei Neigung zu Depressivität!), über die Risse im Mauerwerk nach zu denken und, falls man die richtige Zeit im Juli erwischt, auch darüber, dass im nahen Hirschgarten nun, wie alljährlich, das Magdalenenfest stattfindet. Eben auch zu Ehren dieser heiligen Magdalena, der die augenscheinlich baufällige Eremitage gewidmet ist.
Und damit hat es folgend es auf sich:

Die Klause im Nymphenburger Park, sie gehört zu jenen eigentümlichen Gartenbauten der Schlossbaukunst des späten 17. und des 18.Jahrhunderts, in denen die Idee der Flucht aus dem höfischen Zeremoniell ihren Ausdruck gefunden hat. Damals hat man es geliebt, sich bisweilen zu religiös-philosophischer Besinnung zurückzuziehen und der Naturbetrachtung den gebührenden Raum einzu»räumen«.

Wenn einem die Mittel dazu gegeben waren, natürlich.

Bereuen musste man dann nichts, auch nicht das Paradoxon der öffentlich und bombastisch zelebrierten Demut, und so bildete die Magdalenenklause das höfische Gegenstück zu den seit dem 17.Jahrhundert in Klöstern häufigen Eremitorien.

Oh ja, die Reue eines Menschen kann, gar wenn dieser ein Fürst ist, oft recht kuriose Formen annehmen. Denn den alternden Kurfürsten plagte das Gewissen über gewisse Taten seines nun ausglühenden und zumeist recht ausschweifenden Barocklebens sehr! Da ließ er der frommen Büßerin Magdalena die beschriebene Kapelle erbauen und stellte eine Statue, die sie in weißem Marmor gefertigt darbot, dort auf in einer künstlichen Tuffstein- und Muschelgrotte.

Das heißt, er ließ sie aufstellen, denn künstlich war in dieser Zeit alles, sogar echte Reue.

Ob das wohl geholfen hat?

Das »Memento mori« der Magdalenenklause mag uns heute denn eher zum Schmunzeln anregen. Es sollte halt gegen das irdische Vergnügen und Entzücken der drei Lustschlösschen ein Zeichen der Vergänglichkeit gesetzt sein mit der absichtlich arrangierten Zeitferne des Konglomerates aus romanischen, gotischen und maurischen Bauformen.

Übrigens: Als die Klause 1728 geweiht wurde, da war der Kurfürst schon tot. Sie hat ihn wohl allzu stark an irdisches Abschiednehmen erinnert.

Jedenfalls soll er sich immer, wenn das Gewissen ihn plagte, dorthin zurückgezogen haben. Damals gehörte das Theatralische halt auch zur spektakulären Bescheidenheit, wie immer das auch zusammenpassen mag.

Einmal im Jahr (»Volksnähe« der Herrschaftsschicht gab es offensichtlich damals schon), da ließ der Herr Kurfürst das mauerrissige Kirchlein für das Volk öffnen. Das war am 21.Juli, dem Fest der heiligen Magdalena.

Zeitlich also ganz nahe an der Sommersonnenwende.

Nun aber zum sagen-haften Kern der Geschichte:

In der Grotte befindet sich ein Brünnlein, und da dies Brünnlein in einer Kapelle der Demut natürlich besonders brav ist und tut, was alle erwarten, spendet es auch brav Wasser.

Dieses Wasser aber fingen die Nymphenburger einmal pro Jahr, denn öfters hatten sie keine Gelegenheit - mit mitgebrachten Fläschlein auf, denn es galt und gilt als heilkräftig gegen Augenleiden.

Warum, fragst Du. Wohl der vielen Tränen wegen, die die fromme Büßerin Magdalena hat vergießen müssen ob der Schlechtigkeit der Welt.

Ist das nicht zum Weinen.

Es soll sogar das Wunder passiert sein, dass manchmal die Statue der Magdalena selbst hat weinen müssen, vielleicht deshalb, weil die Menschen einfach alles glauben!

Also gehe man lieber dreimal um die Klause herum, bevor man alles glaubt, und schaue sich das rissige Gemäuer recht genau an. Dann erfährt man auch, ohne es zu ahnen, etwas über Glauben, Grundmauern und Zeitbeständigkeit.

Wenn man aber wirklich glaubt, dass das Wasser des Brünnleins gegen Augenleiden hilft, dann wird es auch helfen! Dann werden so manchem die Augen aufgehen.

Manchmal allerdings, da sehen die Blinden mehr als die Sehenden, weil sie nicht überall hinschauen müssen. Mit dem Herzen sieht man sowieso besser als mit den Augen.

Hast man dieselben jedoch ordentlich geschärft, dann fällt einem vielleicht eine Inschrift auf, die in eine Marmortafel gesetzt, über dem geschmiedeten Gitter des Eingangs hängt. Diese Inschrift weist hin auf die Einweihung der Kapelle durch den Erzbischof und Fürsten von Köln, Clemens August, am 4. April 1728:

»Unter den vielen Denkmälern angestammter Frömmigkeit, welche der Durchl. Churfürst Maximilian Emanuel hinterlassen, ist diese Kapelle, zu welcher er den Grund gelegt hat, das Letzte, und das Erste seines durchlauchtigsten Sohnes Churfürsten Carl Albrecht, der dieselbe bei dem Anfange seiner Regierung vollendete und ausschmückte. Der Durchl. und Hochwürdigste Erzbischof und Churfürst von Cöln, Clemens August verrichtete dabei seine erste bischöfliche Handlung [...]. In dem Altar wurden niedergelegt: Reliquien von dem heil. Macarius Märt., dem heil. Marianus Märt., dem heil. Maurus Märt., der heil. Antonia Märt., dem heil. Valentinus Bischof und von dem heil. Beichtiger Maurentius. Das jährliche Kirchweihfest wird auf Befehl des durchl. und hochwürdigsten Erzbischofs und Churfürsten von Cöln gefeiert, am 2. Sonntag nach Ostern.«

Magische Orte im Umkreis der Stadt

Das Schlossgespenst bei Erding

Durch den neuen Münchner Großflughafen rückt die Umgebung Erdings immer näher »mit München zusammen«, im Fluge, sozusagen.
Unsere Landeshauptstadt wird die Geister, die sie mit dem Erdinger Flughafenprojekt rief, nicht mehr los. Das ist auch kein Wunder, wo doch um das Erdinger Moos herum mannigfaltige Sagen und Mären geistern. Eine davon, eine Gespenstersage ganz »klassischen« Zuschnitts, das ist die Erzählung vom Schlossgespenst bei Frauenberg.

Da soll also im Schloss von Frauenberg, das gar nicht so weit von Erding entfernt liegt, ein Gespenst umgegangen sein. Die Geschichte ist wahr, denn viele Schlossbewohner haben diesen seltsamen Geist gesehen und seine Existenz bezeugt: Angetan mit einem fließenden, burgunderroten Gewand spukte das unglückliche untote Zwischenwesen in langen Nächten durch Gänge, Gemächer und Verließe des altehrwürdigen Herrensitzes.

Nun weiß man ja, dass ein Gespenst immer eine leidvolle Geschichte hinter sich hat. Hinter sich? Eben nicht! Denn das unglückselige Geschöpf, das längst schon ins Grab gehört, es sucht. Es sucht so sehr, dass es süchtig ist, süchtig von der Suche nach Erlösung, nach der »Loslösung vom Ich«, wie wir das wohl heute nennen würden.

Der Volksmund weiss die Hintergründe: Diese Frau, die da im burgunderroten Gewande umherirrte, sie hatte ihr Kind erwürgt und in einen tiefen Brunnenschacht geworfen.

Vielleicht ist sie der weltlichen Gerichtsbarkeit entkommen, ihre Seele aber, die hat sie nicht betrügen können. Keine Frage, dass so eine Greueltat die Kindsmörderin auch im Tod nicht ruhen hat lassen und ihrer geschundenen Seele keinen heilsamen Schlaf der Gerechten bescherte.

So irrte die Verdammte, wer weiss wie lange, zur ungastlichsten Zeit durch Keller und Turmstuben, durch Mauern, Ritzen, Gesimssteine und klammfeuchte Schlafgemächer.

Aber der Spuk fand ein Ende.

Wie und wann der ruhebedürftige Geist seinen Erlöser traf, das weiß man nicht, aber man hat die irre Irrende nie mehr gesehen.

Hoffen wir, dass der entseelte Krach der Flugzeuge in dieser Gegend die Untoten fernerhin schlafen läßt und jene, die nach Erlösung suchen, durch den Lärm der Triebwerke von ihrem gespenstischen Getrieben-Sein befreit!

Nehmen wir den »Kern der Sage« ernst:

Jede Art von Abtötung menschlichen Lebens, egal auch wie früh und wie ungeboren diesem Leben »zu Leibe« gerückt wird, die grausige Tat lässt stets Zwischenwesen zurück! Und zwar bei den Handelnden. Auch wenn die Zeit, in der wir leben, alles schönt und mit Rationalismen zukleistert:

Die Sage hat Recht.

Irrlichter im Erdinger Moos

Sieht man des Nachts im Erdinger Moos Lichter aufleuchten, so sind das heute die Leitfeuer der Start- und Landebahnen, die den Düsenriesen aus aller Welt heimleuchten.
Hoffentlich verguckt sich da nicht eines Tages ein Pilot in das gespenstische Irrlicht, wie es vor alten Zeiten, der Sage nach, dort im Erdinger Moos herum geirrlichtert hat.
Und nicht nur ein einziges Irrlicht muss es gewesen sein.
Wir werden jetzt gleich von mehreren und verschiedenen solcher Spukerscheinungen hören:

Vor vielen, vielen Jahren, da ging ein Mann nach Eichenried. Die Nacht war klar und totenstill, am pechschwarzen Himmel funkelten ein paar verirrte Sterne, und außer den eigenen schweren Schritten auf dem weichen Boden konnte der Mann keinen Ton vernehmen. Hie und da schien von den wenigen Sternen, die sich sehen ließen, einer zu blinzeln - aber da!

War das nicht ein Licht? Direkt in Höhe seiner Augen!

Zunächst meinte er, dass er es mit einem nächtlich verirrten Radfahrer zu tun hätte. Aber wer denn sollte um diese Zeit mit dem Rad unterwegs sein? Ein Betrunkener sicher nicht, denn das seltsam befremdliche Lichtlein schwankte so sehr, dass die schaukelnde Fahrt auf einem Rad unweigerlich mit einem bösen Sturz hätte enden müssen. War es der Arzt? Oder die Hebamme?

Aber die wären doch viel geradliniger des Weges dahergekommen. Ein seltenartig hüpfendes Licht war das, und es hatte gleichermaßen etwas Einladendes, mehr aber noch etwas Unheimliches an sich. Sagen wir so: Einladend und unheimlich zugleich, genauso war es.

Als sich der seltsame Leuchtfleck aber glatt über das Flüsschen Gfällach hinwegsetzte, dort wo es nachweislich keine Brücke gab, da packte den Mann dann doch das kalte Grausen. Denn das Licht schwankte in einer Höhe, die über das Maß eines normalen Menschen weit hinausging.

Er beschleunigte alsdann seine Schritte, die ihm weit weniger laut vorkamen als das Pochen des Herzens in der Brust. Und eilends sah er zu, dass er nach Hause kam.

Das muss ihm dann auch irgendwie geglückt sein, aber von dem Schreck hat er sich lange nicht erholt. Und so ein Irrlicht hat er seitdem auch nie wieder gesehen. Da war er froh, heißt es.

Von den Irrlichtern im Erdinger Moos wird aber noch weit Tolleres erzählt. Ein Mann, namentlich sogar bekannt als Stangl Nazi, der kehrte eines Nachts zur unwirtlich-stürmischsten Herbstzeit, die man sich nur denken kann, mit dem Krautfuhrwerk von München her heim. Also, der Stangl Nazi saß auf seinem knarzenden Fuhrwerk, vernahm das knirschende Rollen der Räder auf dem kalten Weg und war, infolge der Eintönigkeit, trotz des wütenden Heulens des Windes fast schon eingeschlafen.

Da!

Plötzlich wurde er auf seinem Kutscherbock hellwach.

Denn er sah auf einer Säule drei Jungfrauen stehen, die waren in weiße, wallende Gewänder gehüllt, sahen schön, erhaben und geheimnisvoll aus, noch dazu, da sie eine höhere Macht des Überirdischen in hell gleißendes, blendendes Licht getaucht hielt. Und welche in prächtiges Weiß gekleidete Jungfrau sähe nicht gut aus - bei Nacht betrachtet? Das mit den »Jungfrauen« gehört zur Überlieferung, wir dürfen aber ruhig davon ausgehen, dass es so war.

Mein Gott, wie erschrak der Nazi da! Die Jungfrauen blieben ruhig, erhaben und schön und sahen ihn unverwandt an, mit Blicken wie aus einer ganz anderen Welt.

Auch die Pferde waren derart erschrocken ob der Gespenster, dass sie erst wie erstarrt dastanden, ausharrten und nicht von der Stelle zu bewegen waren. Da drosch ihr Kutscher, nachdem er sich schließlich gefaBt hatte, wie ein Irrer auf sie ein, bis die gequälten Tiere endlich, wild vor Erschrecken und Schmerz, davon galoppierten.

Keuchend sah er sich um - aber erst dann, als er ein gutes Stück weiter war und den Mut dazu gefunden hatte.

Der Spuk war vorbei.

Und noch eine Sage geht von den Irrlichtern im Erdinger Moos, die, wenn sie wollen, auftreten können wie das »Elmsfeuer«, das man aus Seemannserzählungen wie »Moby Dick« kennt:

Da fuhr der Michel Lommer von München nach Eichenried, und eine alte Frau begleitete ihn. Wieder einmal war es stockfinstere Nacht..., doch plötzlich!

Da flammten vor ihm die beiden Zugrösser auf optisch jedenfalls sah es genau so aus – und trabten voran, von weiß gleißendem Feuer überloht.

Herr und Rösser waren außer sich, der Michel, der die Riemen hielt, schlug die Hände vors Gesicht, die Alte neben ihm kreischte laut, die Tiere schließlich bäumten sich auf, um kurz darauf wie entfesselt »durchzugehen«.

Oh, welche Mühe hatte er da, die verängstigten Kreaturen zu bändigen. Als das gelungen schien, da war allerdings der ganze Spuk vorbei.

Es gibt noch mehrere solcher Mooslichter-Sagen und -Geschichten. So soll eine Magd fünf Leuchtpunkte in einer Reihe hüpfen gesehen haben, und einem Moosler will gar ein feuerroter Kopf erschienen sein, der ihn recht unverschämt angrinste. Ob der Betreffende dann auch zurückgegrinst hat, das weiß man nicht, vielleicht aber ist all den Irrlichtern in der herrlichen unberührten Natur, seit der Großflughafen seine Wunden ins Gelände geschlagen hat, das Grinsen längst vergangen. Denn Irrlichter sind wunderbare Naturerscheinungen. Und die setzen eines voraus: Eine wunderbar intakte und erhaltene Natur.

Das versunkene Schloss bei Trudering

»Und plötzlich tat sich die Erde auf«, so lautet ein Artikel der Münchner Abendzeitung vom 25. Oktober 2000, sechs Jahre nach einem entsetzlichen Unglück, das, würde man die Botschaft alter Sagen ernst nehmen, vermieden hätte werden können:
Denn am 20. September 1994 rückte Trudering »..ins Blickfeld der Weltpresse« (Abendzeitung-Formulierung): Vor dem Bahnhof öffnete die Erde sich, ein Linienbus stürzte in den Schlund, es gab Tote, zwei davon konnten erst nach Jahren geborgen werden. Der Hohlraum, der damals entstand maß 18 Meter an Durchmesser!
Trudering (das Wort beinhaltet »Trude« = Hexe, Zauberin) ist einige Zeit vorher bekanntgeworden durch die Nähe zu Riem und den Lärm der startenden und landenden Flugzeuge, die den ansonsten noblen Stadtteil im Osten Münchens überflogen - überflogen haben, seitdem der Großflughafen Erding in Betrieb ist.
Einstmals aber war Trudering ein Dorf, und ein alter Text sagt:
»Nahe bey dem Dorfe Trudering ist auf ebenem Boden ein trichterförmiges Loch, weit und tief.«
Davon geht in Trudering die folgende Sage:

In uralten Zeiten soll hier ein Schloss gestanden sein. Und dieses Schloss ist ganz genau da, wo der genannte alte Text auf ein »trichterförmiges« Loch hinweist, im Boden versunken. Einfach so. Oder so einfach auch wieder nicht. Es steckt sicherlich irgendein alter Fluch dahinter oder eine Verwünschung. Aber das weiß man eben nicht mehr.

Das Schloss ist mitsamt seinem Besitzer dadorten im Erdboden untergegangen, so wie ein Ozeanriese im weiten Meer versinkt, und die Schlossherrin, sie hieß Utha, hatte bei dieser Geschichte ziemliches Glück. Weil sie nämlich gar nicht da war. Sie weilte, wie es heute so schön heißt, »außer Haus«, vielleicht aber auch hatte sie eine besondere Eingebung, wie das halt oft so ist.

Wissen wir doch, dass es keine Zufälle gibt.

Als sie von ihrer Fahrt zu dem Schloss zurückkehrte, da sah sie gerade noch den Kamin, der soeben im Erdboden versank. Was sollte sie tun ob solcher Überraschung? Sie nahm's gelassen, wohnte in dem Dorfe Trudering und hat der Gemeinde dann mehrere Holz- und Ackergründe, die sie besaß, vermacht.

Die Gemeinde dankte es ihr alle Sonntage in der Kirche, und am Pfingstfreitag hielt man gar eine Vesper und Litanei für sie. Weil doch das Schloss an einem Freitag versunken ist.

Alles ist für irgend etwas gut, heißt es. Und aus alten Sagen kann man viel lernen. Wie vom Leben überhaupt. Utha nämlich hat später einen gestandenen bayerischen Herzog geheiratet.

Hätte sie das können, wenn nicht ihr Schloss samt Gemahl im Erdboden versunken wäre? Nie. Sie lebte glüklich bis an ihr Ende und ist dessenthalben oftmals in abgrundtiefe Dankbarkeit versunken.

Anhang: Frauen, die sich »neu orientieren«, brauchen heute keine Ehegatten mehr in Erdschlünden versinken zu lassen. Der Abgrund des Scheidungsgesetzes genügt völlig.

Das Gnadenbild von Maria Eich

Südwestlich von München findet man, im herrlichen Würmtal gelegen, die Wallfahrtskirche von Maria Eich. Das ist ganz nahe bei Krailling, und Krailling wiederum, wie auch Planegg oder das unweit dem eingemeindeten Pasing liegende Lochham, all die teuren Namen gelten inzwischen als »Edel-Vororte« von München. Die Grundstückspreise in dieser Ecke überbieten längst schon die teuersten Gegenden der Stadt, wie etwa Bogenhausen oder Nymphenburg. Kein Wunder bei der malerisch-exklusiven Lage im Würmtal und der Nähe zum Fünfseenland. Wunder?
Da rankt sich eine wundersame Sage um die Entstehung der Gnadenkapelle von Maria Eich.

Einstmals hielt der Kurfürst von Bayern in den Wäldern um Planegg eine große Hofjagd ab. Damals gab es genügend Wild, wie es auch eine unversehrte Natur gab, das Jagen aber galt, wie von alters her, als Privileg einer vornehmen Oberschicht.

Hofherren und Ritter sowie deren Jäger veranstalteten einen möglichst lauten Radau im Walde, damit das Wild nur recht gut aufgescheucht werde. Dies Treiben ward durchaus von Erfolg gekrönt, und manch armes Tier musste dran glauben.

Aber der Fürst träumte natürlich von einem ganz außergewöhnlichen Hirschen, den er zur Strecke bringen wollte. Und, wie das oft so ist, wenn man ganz fest an seine liebsten Wünsche denkt, schon erblickte der eitle Herrscher den allerprächtigsten Hirschen, der ihm je vor die Augen gekommen war!

Hui, da ging die wilde Jagd erst richtig los, über Stock und Stein und quer durch den ganzen Wald hindurch.

Maria Eich bei Planegg: Gnadenstätte der Gottesmutter in der herrlichen Natur der Wälder und des Würmtals. (Ansicht aus der Zeit zwischen 1840 und 1876, Stadtarchiv München)

Der Hirsch aber ließ sich nicht erlegen. Denn er war einfach schneller!

Schließlich drückte das Tier sich ganz nahe an den Stamm einer Eiche heran und sah unverwandt an diesem empor.

Danach rückten Ross und Reiter auf, der Fürst und das ganze Hofgefolge standen um die anrührende Szenerie herum und wagten schließlich doch nachzusehen, was denn die Ursache sei? Da erblickten sie oben auf der Eiche ein Bildnis der Muttergottes Maria. Man hätte meinen können, dass es da oben angewachsen gewesen wäre. Sofort rührte den Fürsten heftiges religiöses Empfinden und herzliches Mitleid; er schenkte dem Hirschen das Leben, weil dieser Zuflucht ausgerechnet bei der verehrungswürdigen Himmelsherrscherin genommen hatte.

Mit himmlischen Mächten wollte der Fürst sich denn lieber doch nicht anlegen.

Und darum ließ er um den Eichbaum herum ein Kirchlein nebst einer Klausnerhütte erbauen. So meldet die Sage.

Was aber ist wahr?

Hören wir eine andere Geschichte, die sich als das »wahre Körnchen« oder das »Körnchen Wahrheit«, das in eben gehörter Sage stecken mag, ausgibt:

Da soll also ein frommer Knabe aus Planegg in einem hohlen Eichenbaum ein tönernes Marienbild aufgestellt und häufig davor gebetet haben. Weil diese Art von religiöser Übung gar anmutig war und, trotz des hohlen Baumes, von einer vollen Glaubensüberzeugung kund tat, fand sie bald Nachahmer. Wie alles.

So wurde im Jahre 1743 ein Kapellchen über dem Baum erbaut und fünfundzwanzig Jahre später zur heutigen Kapelle umgemodelt.

Glaube, richtig verstanden, kann zündend sein. Und trägt in jedem Falle seine Folgen.

1809, also vor bald 200 Jahren, fuhr während des Gottesdienstes flammend ein Blitz in den Baum, kam wie ein zackiger Feuerstrahl zuckend vom Himmel herab, ohne jedoch das Gnadenbild zu beschädigen. Ob Menschen Schaden erlitten, wird hier nicht berichtet, aber Hauptsache für die lebenden Pilger blieb, dass das Gnadenbild keine Versehrungen davontrug.

Nun sägte man den zerspellten Baum ab und stellte die wunderwirksame kleine Marienstatue sorgsam über dem Tabernakel auf. Dem Ort ward also sein Wunder gegeben, und jahrein, jahraus pilgerten Tausende von Gläubigen dorthin und vielen von ihnen hat der kindliche und damit unverfälschte Glaube tatsächlich geholfen.

Das Kirchlein dort beherbergt von jeher eine große Zahl von Votivtäfelchen, naive Zeugnisse einer Hingabe an die helfende Macht, gesprochen in großer Not und selten überhört.

Tut doch der Glaube oft mehr Wunder als ein tüchtiger Arzt es kann, denn er erfordert den festen Willen des Heilungssuchenden nach Genesung und eine demütige Hingabe in alles Weitere, das dann außerhalb seiner eigenen Kraft liegt.

An der Außenwand der Kapelle ist auf einer Tafel der »wirkliche« Hergang des Jagdabenteuers zu sehen. Der wirkliche? Was ist denn nun wirklich? Vielleicht das Stück Eichenstamm, das der fromme Pilger heutzutage hinter einer übermannsgroßen Glasvitrine bewundern darf. An diesem Holz soll sich der Hirsch gerieben und so mancher Hirsch von Andenkensammler ein Stück Rinde herausgeschnitten haben.

Also: Was denn ist wirklich »wirklich«, wenn es um Sage, Glaube, Wunder geht? Am besten alles. Denn »wirklich« ist immer das, was »wirkt«.

Die »historischen Tatsachen» ergeben:

Einst existierte die verschwiegene Waldschwaige Kreuzing. Hier hatte, wie vermutet wird, das Kloster Dießen am Ammersee gerodet. Am 3. Februar 1390 wird Kreuzing erstmals urkundlich genannt. Heutzutage ist von dieser Einkehr nichts mehr bekannt außer einer Zeichnung von 1863, die das Münchner Stadtmuseum aufbewahrt.

Auf dem FuBwege nach Kreuzing nun hinterstellten, so um das Jahr 1710 herum, zwei Schmiedesöhne von Planegg eine kleine tönerne Marienstatue mit dreifacher Krone und dem Jesuskindlein auf dem linken Arm. Sie steckten diesen schlicht gearbeiteten Gegenstand aufrichtiger Volksfrömmigkeit in die Höhlung des Stammes einer uralten Eiche. Schließlich wuchs Rinde darüber. Nach langer Zeit erinnerte sich eine Dienstmagd an die Maria, pilgerte »kriechend auf Knien« dorthin, es soll ihr auch prompt geholfen worden sein, und es setzte nun eine Reihe von Anflehungen und (angeblichen) Heilungserfolgen ein.

Am 12. Oktober, dem Namenstage des Kurfürsten Max III. Josef, war, ganz wie die Sage berichtet, der von den kurfürstlichen Jägern gehetzte Hirsch endlich an der Gnadenkapelle, die inzwischen errichtet dastand, gestellt worden. Zitternd schmiegte sich das Tier an die Mauer des beschaulichen Kirchleins im Walde.

Und wer weiß, vielleicht hat die Kreatur intuitiv das Richtige getan und sich ihrem Schöpfer anvertraut?

Jedenfalls das Richtige. Denn dieser Herr Kurfürst war ein inbrünstiger Verehrer der Gottesmutter und dazu ein ganz besonderer Tierfreund. Heißt es. Ein Tierfreund, obwohl das Jagen seine Lust war.

Ein Tierfreund also.

Er war, angesichts seines Namenstages und dieser Szenerie, so gerührt, daß er den Hirschen laufen ließ. Er gewährte dem Hirschen sozusagen Asyl und benahm sich damit recht neuzeitlich.

Die Verse unter dem Bildnis an der Außenwand der Kapelle künden von dem Ereignis:

»Ein abgejagter Hirsch in seiner vollen Flucht
Hat Schutz und Sicherheit an diesem Ort gesucht.
Und was er hat gesucht, das hat er auch gefunden;
Die Jäger haben sich zu seinem Tod verbunden:
Der Churfürst selber kommt und sieht das Schauspiel an,
Er giebt dem Tiere Schutz und wandte seine Bahn.
O Vater, welcher Preis muß Deinen Namen zieren:
Der beßte kommt Dir zu, bei Menschen und bei Tieren.«

Maria in der grünen Senke

Wer im Münchner Westen wohnt, der hat überhaupt nicht weit hin zum Weßlinger See, von Pasing aus ist es knapp eine Viertelstunde. Baden oder Eisstockschießen, das liebenswürdige Gewässer vor den Toren der Stadt ist fest »in Münchner Hand«. Der Ausflügler, der zu dem gut essen will in der Nähe, der findet schnell den Weg nach Seefeld mit der alten barockisierten Klosteranlage.
Die nicht wenigen Münchner, die in der Weßlinger Gegend wohnen oder, noch schöner, eine Zweitwohnung betreiben - man erkennt sie schnell an der ureigenen Schwermut, besonders zur Herbst- und Regenzeit.
Denn die naturschwere Gegend um Weßling und Seefeld herum, sie ist im Herbst und bei unwirtlichem Wetter besonders unheimelig, ja unheimlich gar; Bäume und Sträucher stehen dann trüb, kalt, grau und tot vor dem Auge des Betrachters, und die gespenstische Landschaftsimpression lastet bald schwer auf Seele und Gemüt.
Wenn man sich nun vor Augen führen mag, dass hier vor Hunderten von Jahren die Umgebung noch weitaus wildwüchsiger, waldreicher und unwegsamer war, dann kann man sich wohl leicht vorstellen, wie es dem verirrten Jäger des Grafen von Seefeld in der Sage, die wir nun hören werden, ergangen sein muss.

Bei einer Hatz kam dieser Jäger in eine Art Jagdrausch, eine schiere Besessenheit zwang ihn förmlich, den Hirschen so blindwütig und selbstvergessen zu verfolgen, dass der von einem Zwang zum Verfolgen Verfolgte bald die gesamte Jagdgesellschaft aus den Augen verloren hatte.

Und er musste irgendwann einsehen, dass er nicht mehr wusste, wo vorne war und wo hinten, denn er hatte sich hoffnungslos und ausweglos verirrt!

Zunächst reagierte er wie so viele Menschen in hoffnungsloser Situation: Er wollte dieselbe nicht wahrhaben! So irrte er weiter und glaubte dabei in umsichtiger Weise den Weg zu suchen, in Wirklichkeit aber ward er durch seine Aufregung immer konfuser und verlor schließlich jedwede Orientierung und jedes gescheite Richtungsdenken.

Es erging ihm wie der gefangenen Fliege im Spinnennetz, denn je mehr er sich bemühte und wand, aus seinem geistigen Gefängnis herauszukommen, desto mehr verstrickte er sich in abgrundtiefer Desorientierung.

Wie das gefangene Insekt zappelte er sich immer schlimmer in die Umstände seiner misslichen Situation hinein, und immer hoffnungsloser wurde die Situation.

Schließlich aber musste er seine Lage doch einsehen. Nun ergriff ihn erst recht panische Angst, denn zur damaligen Zeit war es lebensgefährlich, im Walde nächtigen zu müssen.

Weil der Wald war die düstere Heimat wilder Tiere, war jener dunkle Ort, da Bären und Wölfe hausten, wo Gespenster, Kobolde, Hexen, Irrlichter, sonstige Entitäten und übersinnliche Wesen ihr »Un-Wesen« trieben!

Ist es nicht eigenartig, dass der Mensch immer oft erst dann, wenn seine Situation recht ausweglos erscheint, den Weg zur höheren Macht findet?

Wir wollen es verstehen. Denn eine Notsituation drückt immer den Stolz und den Hochmut, und Stolz und Hochmut sind wohl die allergrößten Feinde der Erkenntnis, dass der Mensch ohne die ihn beschützende Macht Gottes verloren ist.

Der Jäger also begann inbrünstig zu beten, und er flehte zur Muttergottes. Und er gelobte, dass, falls sie ihm helfen würde, das Tal am Etterschlager Weg zu erreichen, er ihr aus Dankbarkeit ein Bild aufstellen möchte.

Ein Gnadenbild nämlich, das den Wanderer an die zunächst erhoffte! – wunderbare Errettung gemahnen sollte.

»Jungfrau Maria! Helft mit!« So brach es aus ihm hervor.

Der Glaube versetzt Berge und die Macht des Gebetes allemal. Es schafft zunächst Klarheit des Geistes und Klarheit in der Orientierung. Alsbald sah der Jäger seine Situation deshalb weitaus klarer; die Gegend erschien ihm viel vertrauter, er glaubte dies und das zu erkennen in der Landschaft oder einordnen zu können, und schon bald hatte er den Pfad gefunden, der zur »Grünen Senke« ihn führte.

Da vergaß er nicht zu danken, er leugnete nicht das Eingreifen der höheren Macht, wie viele Menschen das getan hätten, kaum dass sie wieder »frei« sind und es ihnen besser geht.

Dann fand er die Einöde von Schluifeld, ganz in der Nähe. Er übernachtete bei einem Bauern, der schenkte ihm ein kleines Bild der Gottesmutter. Das trug der Gerettete bei hellem Tageslicht zurück zur Grünen Senke und stellte es, als Gnadenbild, in einen hohlen alten Birnbaum.

Bald schon war der Flecken bekannt als Wallfahrtsort, die Kunde von der wundersamen Rettung hatte sich herumgesprochen, und Menschen pilgerten dorthin, um Sorgen und Nöte vorzutragen.

Und ihr Glaube hat diesen Notleidenden zumeist geholfen.

Wenn er echt war, versteht sich.

Die Gräfin von Seefeld ließ, wegen der mannigfaltigen Kunde von Wundererrettungen an diesem geheiligten Orte, bei dem alten Birnbaum ein kleines Kirchlein bauen, das nennt sich »Maria Grünsink«, es wurde ein beliebtes Wallfahrtsziel, auch für die Münchner.

Und so ist es heute noch.

Die Pippinger Glocke

Fährt man, von Planegg her kommend, die Pippinger Straße an der Würm entlang Richtung Blutenburg und dem anschließenden »Kreisel«, der in die Autobahn Augsburg-Stuttgart einschleust, so erblickt und geniet man, lange noch bevor rechts von einem die behäbig-turmselige Blutenburg im Wiesengrund auftaucht, das malerisch geschwungene und in seiner typischen Schönheit so eigenwillige Würmtal mit dem Flüsschen Würm dahin fließen.
Linker Hand aber taucht, etwa in der Mitte der Strecke zwischen Pasing und Blutenburg, die Pippinger Kirche vor einem auf.
Man möge dann daran denken und sich freuen, dass die Glocke auf dem Turm dieser Kirche mit einer »schwergewichtigen« Sage verbunden ist, in der auch unser starker Herzog Sigismund auftaucht, den wir schon vom »Stein in der Residenz« her kennen.

Feste soll man feiern, wie sie fallen. Wer möchte wohl an diesem Lebensgrundsatze ernsthaft zweifeln!

Die Pippinger hatten allen Grund, ein Fest zu feiern. Denn sie besaßen nicht nur eine wunderschöne Kirche, sondern, und das war der hehre Grund zu der angesetzten Feier, neuerdings auch ein Mordstrumm Glocke, das mühsam auf einem bespannten Karren aus der Stadt München hergeholt wurde, damit die fertig gegossene und nun »angelieferte« Glocke in dem Glockenturm, der so herrlich aufragend vis-a-vis der Würm, diesem gottgeweihten Flekken Erde, sein Gepräge gibt, hängen möge und läuten zum Gebet, zur Versammlung, zur Trauer oder zur frommen Gesinnung dem Schöpfer gegenüber.

Die Pippinger jedoch hängen keine Glocke – es sei denn, sie hätten dieselbe!

Doch sie hatten sie an diesem denkwürdigen Tage noch lange nicht, ihre Glocke. Und das kam so:

Das wuchtige und unbeholfene Fuhrwerk, das jenes erzene Trumm aus der Stadt herbringen sollte, wollte soeben an einer Furt, die es damals durch die Würm hindurch gab, den Fluss überqueren. Diesem Überqueren aber kam ein arges Missgeschick in die Quere: Ein Rad brach, das Gefährt mitsamt der kostbaren Last blieb mitten im Gewässer stecken.

Nun standen die Menschen, festlich herausgeputzt zur Glockenweihe, aufgeregt am Flussufer und gafften auf den Unglückswagen. Der Kutscher fluchte, der Geistliche, der dachte sich seinen Teil und fluchte hoffentlich nicht; auch Sigismund »der Starke« stand da, das heißt, sein Pferd stand da, und er saß darauf und wartete, daneben warteten stehend, sitzend, händeringend, Herzog Christoph und all die Frauen und Begleitpersonen der Festgesellschaft.

Da sprang Sigismund hurtig von seinem Prachtgaul herab, eilte durch die Wiese, watete zu dem Fuhrwerk, griff die schwere Glocke, wuchtete sie sich auf die breiten Schultern und trug das Riesentrumm hin bis zur Kirche.

Dort stellte er den gewichtigen »Hauptgegenstand« dieser Glockenweihe genau auf den richtigen Platz auf dem Gerüst, das bereitstand, um später die gegossenen Zentner nach oben zu ziehen.

Man mag kaum glauben, was da für ein Jubel war im Volke, was für ein »Hoch! Hoch!«-Rufen und was für ein echter Untertanen-Stolz auf so einen starken Herrscher. Der aber blieb bescheiden wie alle Menschen, die nicht nur mit körperlicher, sondern auch seelischer Stärke gesegnet sind, und sprach also:

»Gilt es Gottes Lob und frommes Ding,
wird mir das Schwerste leicht und g'ring!«

Vielleicht will uns die Sage von den glockigen Zentnern sagen, man möge nichts auf die leichte Schulter nehmen, aber man soll, wenn's besonders schwer daherkommt, die Dinge leicht nehmen.

Hier, vor der Pippinger Kirche, blieb das Fuhrwerk mit der schweren Glocke in der Würm stecken! (Ansicht aus der Zeit zwischen 1840 und 1876, Stadtarchiv München)

Weil für den, der tüchtig hinlangt, hilfreich ist und allgemeine Lasten mitträgt, für den lässt sich auch die eigene Last leichter ertragen.

Drum sei auch nicht nachtragend, sondern, wie der Herzog, recht zuvorkommend.

Die betenden Schwestern von Leutstetten

Entlang dem malerischen Würmtal über Pasing nach Starnberg passiert man bald Leutstetten, ein recht beliebtes Ausflugsziel. Dieses nicht zuletzt wegen einer bekannten Wirtschaft mit Biergarten und Volksbühne, dann aber auch, weil der Flecken in Gottes herrlicher oberbayerischer Natur sich so vorzüglich als End- bzw. Umkehrpunkt einer Radtour, einer schönen Wanderung eignet, oder, was derzeit beliebt ist, einer »Gaudi-Rallye«.
Hier aber ein Tipp für den Ausflügler »mit Muße« und Interesse dafür, was wann wo einmal war oder gewesen sein soll:
Auf einem Bild an der Südwand der Kirche von Leutstetten sind drei Jungfrauen dargestellt, von denen eine jede eine Krone auf dem Haupte trägt und in der rechten Hand einen Zweig hält. Die in der Mitte trägt außerdem ein Buch, die zwei anderen jeweils einen Pfeil. Und darüber steht: »S. Ainpet, S. Gberpet, S. Firpet.«
Über diese drei Jungfrauen, die hier dargestellt sind, existiert die folgende Sage:

Woher sie gekommen sind, diese drei unbescholtenen Jungfrauen, das weiß keiner so genau, man sagt aber, sie seien »aus dem Westen«, wo es irgendwo Krieg gegeben haben muss, ins friedliche Würmtal gekommen.

Dann bauten sie sich eine kleine Klause, eine Jungfrauen-Klause sozusagen in der Nähe von Leutstetten. Sie nahmen dabei das Prinzip des modernen Wohnens vorweg, das heisst, jede von den Dreien lebte für sich allein, denn die Klause hatte drei Eingänge.

Beim Bau dieser dreitürigen Hütte für ganz Fromme, da haben die gutmütigen Einheimischen kräftig mitgeholfen, denn wer würde nicht gerne drei so netten Jungfrauen aus dem Westen helfen wollen?

Wie das meistens so ist mit Einsiedlern:

Die drei Jungfrauen waren recht beliebt, sie arbeiteten, wie man das heute nennen würde, »karitativ«, das will heißen, sie kümmerten sich um Arme, Kranke und Bedürftige; sie waren mildtätig, predigten das Wort Gottes und zelebrierten zudem eine Art Öko-Dasein, indem sie brav von Wurzeln und Kräutern lebten.

Etwas anderes gab es für sie auch gar nicht zu essen im Wald. Oder hätten sie Bären jagen sollen?

Als eines Tages »wilde Horden aus dem Morgenland« (so vermeldet die Sage, denn Sagen zeigen oftmals ganz unverblümte Vorurteile gegen Ausländer) in das verträumte Würmtal eindrangen und dort die Menschen arg schikanierten, da verschwanden die drei Jungfrauen für immer.

Wer sollte es ihnen verdenken.

Und wie so oft, wenn jemand endgültig fort ist, der nur Gutes tut oder getan hat und dessen wohltuende Existenz und Anwesenheit, vor allem aber die Sicherheit seiner stets gewährten Hilfe... den angrenzenden Seelen zur lieben Gewöhnung geworden ist: Nun vermissten die Menschen diese drei Jungfrauen samt ihrer Wohltaten sehr und hielten infolgedessen das Andenken an die drei frommen Wurzelesser in allerhöchsten Ehren.

Der Ort des jungfräulichen Dreierfriedens wurde zur Wallfahrtsstätte für Schwangere. Bis ins 18. Jahrhundert hinein pilgerten Frauen dorthin, die ein Kind erwarteten. Diese stellten kleine Wiegen aus Holz, Wachs oder Silber hier auf.

Dann beteten sie um Gottes Hilfe und Wohlergehen in der Stunde der Niederkunft.

Heute steht keine Kapelle mehr. Nichts außer dem Andenken ist geblieben an St. Ainpet, St. Gberpet und St. Firpet als das alte Bild in der Kirche von Leutstetten, das der heutige Pilgersmann, der zumeist ein Radl dabei hat, dort angucken kann.

Ganz in der Nähe, unweit vom »Mühltal«, ist das für Liebhaber magischer Orte so bedeutende »Grab der Seherin«. Diese Ruhestätte, – ein Hügelgrab –, der weisen Frau (Hexe?) aus keltischer Urzeit liegt in einem ausgewiesenen Grabhügelfeld von 29 Gräbern, von Alters her wird der Ort »Herrgottsruh' genannt. Mit großer Wahrscheinlichkeit ist die »Seherin« eine der drei Schicksalsschwestern/Nornen/Hexen/Geburtshelferinnen, etc. – Die weisen Frauen hatten ein Wissen, das die Schulmedizin später mit Gewalt verdrängte. Der Ort (die Sage deutet darauf hin) ist und bleibt eines der stärksten »energetischen Felder« Bayerns!

Die Birg bei Höhenschäftlarn

oder:

»Das Birgweibl«

Einst sammelten sich auf der Straße von Wolfratshausen nach Schäftlarn die Oberländer von Tölz, von Benediktbeuren, von Starnberg. Sie sammelten sich zur Befreiung Münchens (!) von der österreichischen Zwangsherrschaft.
Schäftlarn! Heute beliebtes Ausflugs-, Einkehr-, Ski- und Rodelziel der Münchner, es war in jenen verhängnisvollen Dezembertagen von 1705 ebenfalls Treffpunkt, nicht aber für Vergnügungssuchende, sondern für Helden, die den sinnlosesten aller Tode zu sterben vorhatten, den Heldentod.
Und durch den Wald führt, östlich der Ortschaft, jenseits der Landstraße, derFußweg von Schäftlarn nach Baierbrunn.
Gehen wir aber zuerst zur Birg selber: »Forststraße« bis zu deren Ende, dann, bei einer eigenartigenr Waldlichtung, ist sofort die magische Kraft erfahrbar. Noch heute!

Hier lag, oben über der Isar, ein verschanztes Lager aus keltischer Zeit, eine »Birg«.

Diesen Schutz gewährenden Ort bauten später die Römer aus als Kastell mit Wällen und Gräben, wobei sie geschickt die Vorteile der Natur für eine Schutz- und Trutzburg zu nutzen verstanden. Vielleicht ist der magische Platz gar ein »Sender zum Kosmos«? Wer weiß.

Noch später kam ein bayerisches Rittergeschlecht und errichtete an dem so geeigneten Flecken Erde eine Burg. Vom Ende jener Burg handelt die Sage, die heute noch an dem geheimnisvollen Orte lebendig ist:

Denn auf dieser Burg wohnte ein Ritter, wie das auf Ritterburgen so üblich ist. Der hieß Sachsenhäuser. Wollte man seine Erbanlagen beurteilen, ergäbe das wohl ein recht trauriges Bild, denn der Ritter Sachsenhäuser war der Sohn eines üblen Tyrannen, der eiskalt die Leute erschoss, wenn sie auf Flößen die Isar herabfuhren.

Da wäre das heutige Volksvergnügen »Floßfahren auf der Isar« ein gar trauriges Gaudium, wenn es immer noch solche Unholde gäbe, die sich einen Spaß daraus machten, auf schutzlose und biertrinkende Isar-Floßgäste zu feuern...!

Nun wurde dereinst die genannte Burg des Sachsenhäuser belagert, und er und seine Männer verstanden es mannhaft, sich in der von der Natur bevorteilten Burganlage dem Druck und der Hartnäckigkeit der Belagerer zu Widersetzen. Vorräte waren genug da, auch Wasser, denn die Birg hatte eine eigene Quelle, die sie mittels eines Brunnens anzapfen konnte.

Da kam ein altes Weib von Baierbrunn des Weges, die gab den Belagerern den teuflischen Rat, den in der Burg eingeschlossenen Mannen das Wasser abzugraben!

»Gebt«, so riet die Boshaft-Schlaue, »einem Ross drei Tage lang kein Wasser, so wird es die Quelle finden!«

Gesagt, getan. Man brachte so ein armes Pferd halb zum Verdursten, und das gequälte Tier scharrte, einem Instinkt folgend, und fand auch tatsächlich die Quelle.

Man grub (im wahrsten Sinne des Wortes!) den Belagerten »das Wasser ab«. Bald mussten sie sich bedingungslos ergeben.

Da blieb dem besiegten Sachsenhäuser nichts anderes, als ins Kloster Schäftlarn zu ziehen, um dadorten »bußfertig zu enden«, wie es so schön überliefert wird. Was immer man auch darunter verstehen mag.

Am Tage »Sankt Pauli Bekehr« wurde früher ein Erinnerungsfest an ihn gefeiert, mit Vormittagsgottesdienst und Freibier, wie sich das so gehört.

Aber die Alte, die den hundsgemeinen Rat gegeben

hatte, der Birg das Wasser abzugraben, die wurde von einer höheren Macht bitterlich bestraft.

Sie durfte nicht ruhen nach ihrem Ableben, als Untote, als Gespenst also, musste und muss sie umhergehen bis heute.

Und als sogenanntes »Birgweibl« ist sie in der Gegend schon vielen erschienen, die sich zu später Stunde noch in der freien Natur herumgetrieben haben.

Beschrieben wird sie, der Überlieferung nach, so:

Sie ist »von kleiner Gestalt, schlecht gekleidet; auf dem Kopf trägt sie einen Strohhut, in der Hand einen Stock und einen Korb. (Der Kenner weiß gleich. Alles deutet auf eine Hexe hin!). Wenn sie von der Birg wegging, und es begegnete ihr jemand, dann fragte sie jedesmal um den Weg nach Baierbrunn; ging sie aber gegen die Birg zu, so fragte sie, wo der Weg nach Schäftlarn geht. Aber sie kam niemals weder dahin noch dorthin, denn sie ist an die Grenzen der Birg gebannt und kann darüber nicht hinaus.«*

So ergeht es einem, wenn man absichtlich schlechte Ratschläge erteilt und mithilft, dass den Mitmenschen das Wasser abgegraben und damit die Lebensgrundlage entzogen wird!

Wollen wir hoffen, dass irgendwer oder irgendwas das Birgweibl dereinst von dem schlimmen Fluch erlöst.

Meist geschieht so etwas durch Liebe.

Wer indes soll so ein böses altes Weib lieben? Aber Wunder geschehen immer wieder.

* Helene Raff, So lang der Alte Peter, München 1950, S. 212 f.

Die weinende Madonna von Bernried

Am Westufer des Starnberger Sees ist schon von weit her der gemütliche Turm der Bernrieder Pfarrkirche zu sehen. Besonders harmonisch fügt sich dieser weiße Kirchturm mit der Zwiebelhaube, der so aussieht, als wäre er zusammen mit Oberbayern erschaffen worden, in die leicht geschwungene und belebend grüne Uferlandschaft.
Vom gegenüberliegenden Ufer aus betrachtet, da, wo Ambach liegt mit dem öffentlichen Freibadegelände, das die Münchner zur Sommerszeit, wenn ein schöner Tag lacht, nicht nur besuchen, sondern stürmen, da prägt sich der Bernrieder Turm fest ins Bild, ebenso für den Schwimmer, Ruderer oder Wanderer.
Viele besuchen aber auch Bernried selbst an einem Wochenende, manche mussten gar hin, da das barockisierte »Schloss Höhenried«, ganz in Sichtweite des Turmes, bis vor wenigen Jahren ein Sanatorium für Herzkranke war. Nun aber ist es Fortbildungszentrum für Manager der Pharmaindustrie. Das ist kein Wunder, sondern die Entwicklung einer mechanistischen Medizinauffassung, die den Wundern, die wir aus Sagen kennen, verwundert gegenübersteht.
Wer denkt da schon daran, dass gleich nebenan, einige hundert Meter weiter in der Bernrieder Kirche, eine Madonna stand, ein Bildnis der gnadenreichen Himmelsmutter, die schon so vielen Kranken den Zugang zur»höheren Macht« und damit zum Wunder einer Genesung ermöglicht hat?

Nun hört. Einst tobte eines der schweren Gewitter am See, wie sie uns heute durch die laut vernehmbare »Sturmwarnung« angekündigt werden.

Schwarzgrün wogte das Wasser, die Gischt spritzte,

Sturm und Regen fuhren in die Dünung, und es war wirklich kein Wetter, sich dabei wohl zu fühlen.

Auf jeden Sturm aber folgt Ruhe.

So war es auch hier, und als die Sonne wieder am nächsten Morgen am Himmel stand und lachte (das tut sie immer, egal, was passiert sein mag, auch wenn die Sonne hinter den Wolken sich versteckt, sie ist doch immer da und lacht!), da trauten sich einige früh aufgestandene Fischer wieder ans Wasser.

Still schlugen kleine Wellen auf die Kiesel, und ruhig schwappte das Wasser an die Bohlen des Holzsteges mit der ganz typischen Melodie, die dem Starnberger See einbeschrieben ist.

Da aber schwamm, neben dem Steg und nur einen Steinwurf vom Ufer entfernt, ein wunderschönes Bildnis der Jungfrau Maria. Still tanzte es auf den Wellen, und die Farben erstrahlten in himmlischer Freude. Man sah diesem Bild an und noch mehr dem dargestellten Inhalt, dass es ein dingliches Bildnis des »Obenaufschwimmens« war, des Mutes, der Zuversicht in irdische und damit gottgewollte Gesetze und des Nicht-untergehen-Sollens.

Das Gemälde war unbeschädigt, und, obwohl es im Wasser schwamm, hatte es sichtlich keinen »Wasserschaden«.

Der älteste der Fischer setzte sich in sein Boot, band es los, stieß ab und ließ sich die wenigen Meter zu dem Bildnis hin gleiten, dann hob er das Kunstwerk sanft und voll Ehrfurcht aus den bergenden Armen des Sees: »Seht, was uns geschenkt ist! Ein Gnadenbildnis der Gottesmutter Maria! Wollen wir es als ein Geschenk des Himmels betrachten und gleich hingehen, es in unserer Pfarrkirche aufzustellen!«

»Aber da steht doch schon eine Muttergottesstatue«, gab ein Besonnener zu bedenken.

Nun nickten die anderen. Einer kratzte sich hinterm Ohr, dass die Fischermütze ganz schief auf dem Kopfe saß:

»Nein, das geht wirklich nicht! Wir können doch nicht deren zwei gleichzeitig in der Kirche aufstellen!«

Man überlegte. Plötzlich sprachen alle fast wie aus einem Munde: »Wollen wir hingehen und unseren Herrn Pfarrer fragen!«

Gesagt. Getan.

Man begab sich also zum Pfarrer und räumte dem geistlichen Herrn in der anstehenden Entscheidung die höchste Autorität ein. Aber: Der Pfarrer, der dachte da auch nicht anders, als die Fischer dachten.

Die angeschwemmte Madonna sah schlichtweg besser aus, da waren alle sich einig. Sie wirkte geschmeidiger, jünger, bei ihr kam das Frauliche einfach mehr zur Geltung, man darf fast sagen: Sie wirkte sinnlicher!

Und eben darauf fiel ein jeder der Herren prompt herein.

Man beschloss, die alte Madonna in das kleine Kapellchen am See zu stellen, sie also mehr oder weniger »abzuschieben«, um der neuen, aufreizenderen, in der Kirche Platz zu machen.

So kam es auch.

Die »Neue« ward in feierlicher Prozession in die Kirche geleitet, die Alte schmählich ins »Seehaus« getan.

Nun ist ganz gewiss nichts dagegen einzuwenden, dass man sich innerhalb eines Kirchenraumes für das schönere und aumutigere Kunstwerk entscheidet.

Das war zu allen Zeiten so.

Nein, viel zu sehr vergessen wurde bei diesem Gebaren, dass die angestammte Madonna (die übrigens durchaus nicht hässlich war) zahlreiche Wunder in der Vergangenheit gewirkt hatte. Oh, wie viele der Bernrieder und auch Leute aus der Umgebung waren zu ihr gekommen, hatten ihr Anliegen und ihre Sorgen in ehrlichem Glauben vorgetragen, und dies niemals umsonst!

Sie alle hatten in dem treuen Gesicht der Gottesmutter, das so sehr dem Menschen zeigt, wie der Wille Gottes zu erkennen ist und zu verstehen, in diesem Antlitz voller Hingabe hatten sie gar so oft Vertrauen fassen dürfen. In all ihren Nöten, da durften sie immer bitten, bekennen »im Angesicht« Mariens... und immer bald darauf das Wunder der Heilung erfahren. Wenn sie richtig dran geglaubt haben, versteht sich.

Und nun schoben sie das Gnadenbildnis ab, zugunsten einer »Jüngeren«!

Kann das gutgehen? Die Herzlosigkeit der Menschen ist grenzenlos und bringt oft gar Steine zum Weinen.

Am nächsten Morgen war das Erstaunen gross.

Denn als die Menschen zur Frühmesse gingen, da stand – wer vermöchte zu sagen, wie das geschehen hätte können? – in der Pfarrkirche wieder die »alte« Jungfrau Maria an ihrem angestammten Platze.

Doch die Menschen sind blind. Sie erkennen den Willen der Höheren Macht selten, nicht einmal dann, wenn er, durch die Perspektive vergangener Zeiten und die Verdichtung in der Sage, klar erkennbar prismatisiert, in leuchtenden Farben seine Herrlichkeit funkeln und strahlen lässt.

So ging man daran, das alte Gnadenbild wieder, erneut, »von seinem Sockel zu stoßen«, das heißt, man wollte es herab heben und wieder in die Seekapelle bringen. Aber wie grenzenlos war das Erstaunen!

Da rannen der Bernrieder Madonna dicke Tränen über das sonst immer so glücklich und mädchenhaft lächelnde Gesichtchen. Irgendeinem der Frevler ist dann doch noch das Licht der Erkenntnis aufgegangen. Es ist immer ein einzelner, ein Herausgegriffener, dem der Funke zuteil wird. Er muss es nur den anderen sagen!

So auch hier.

»Seht ihr denn nicht, wie ihr unserer gnadenreichen Schmerzensmutter weh tut und ihr einen zusätzlichen Dolch ins Herz hineinstoßt«, so schalt er, »mit eurer Undankbarkeit!«

Da wurde es jedem klar.

Die Maria durfte bleiben, ihre Tränen trockneten, bald lächelte sie wieder und tat weiter Wunder.

»Die andere« aber, die beließ man nun, bei allem Respekt, im Seehaus. Da war sie dem Wasser näher, und aus dem Wasser war sie auch gekommen.

Besuche, lieber Leser, das kleine feine Kapellchen, das direkt in die Klostermauer einge-»mauert« ist: Ein magischer Ort ganz besonderer Art, ein Kraftplatz der Energie, ein »Stargate«!

Man pilgerte fleißig zu beiden, tat Bittfahrten, die »Angeschwemmte« aber wurde seitdem besonders von Fischern und Seeleuten als Schutzpatronin verehrt.

Das tat die »Obere«, die oben eben in der Pfarrkirche ihren angestammten Platz wiederhatte, wohl dulden und hat auch nimmer weinen müssen.

Das »Münchner Bier« von Andechs, der Schatz und das Mäuschen

Andechs und München! Gibt es ein bekannteres, beliebteres und benebelteres Ausflugsziel für solche, die gerne wandern, beten, wallfahren oders süffeln? Aber halt! Der »Heilige Berg« ist längst schon ein »geistiges Zentrum« spiritueller Erneuerung.

Und unter all den Heiligen Bergen, die rund um den Erdball strahlend und geheimnisumwoben in den Himmel ragen, nimmt Andechs durchaus eine bevorzugte Stellung ein! Dafür sorgt schon der Bergsporn aus Schotter der Eiszeit, auf dem Andechs liegt: ein »bayerisches Sinai« mit mehr oder weniger Erleuchtung.

Aus dem Geschlecht »der Andechser« gingen allein 17 Heilige und Selige hervor. 1080 wird bereits eine Burg der Grafen von Dießen und Andechs erwähnt. Und aus dem Bier, das hier seit 1455 gebraut wurde, gingen noch mehr (Bier-)Selige hervor, als die Geschichte sich träumen ließ.

Doch hat Andechs einen wirklich einmaligen Reliquienschatz, und darüber gibt es – wie könnte es anders sein – mehrere Sagen. So unter anderen von einem Mäuschen. Doch wollen wir hören:

Denn dieses herrliche Benediktinerkloster, das jung und alt zum Schauen und Verweilen einlädt, verdankt seine Entstehung einem merkwürdigen Fund:

Da entdeckte man im Jahre 1388 in den Ruinen der einstigen Burgkapelle eben den Reliquienschatz, den die frommen Andechser Grafen dort deponiert hatten, bevor im Jahre 1245 die Burg zerstört wurde. Der Schatz musste dann mehrere Umwege machen, aber uns interessiert, wie es »der Sage nach« dazu kam, dass er aufgefunden wurde.

Erst einmal soll man aber wissen (und glauben), dass zum Schatz von Andechs gehörten: Die weltbekannten drei Hostien, ein Teil des Kreuzes Christi, ein Zweig seiner Dornenkrone, die Hälfte des Schweißtuches Christi, das Marientuch, das nämlich ist jenes Tuch, in dem die Gottesmutter begraben ward.

Natürlich ist es um solche Reliquien immer eine Glaubenssache, aber wir wollen jetzt einmal ganz brav so tun als ob.

Die Dinge stammten ab von Kreuzzügen aus dem Heiligen Land, stellten also so eine Art »Andenken« dar aus den damaligen Abenteuerurlauben gelangweilter Ritter mit ethischen Ambitionen und Fernweh. Wohin aber der Schatz nun vor seiner sagenumwobenen Auffindung gelangt war, das wusste wirklich kein Mensch.

Da geschah es viele Jahre später einer blinden Frau, dass sie recht seltsam träumte. Blinde »sehen« oft mehr als Sehende, das ist bekannt. Träume aber sind tatsächlich verschlüsselte Botschaften des Unterbewusstseins »nach oben«. Die Bibel und viele weise Bücher wissen es schon lange, und der moderne Mensch beginnt es so langsam auch wieder zu begreifen.

Und der Traum war recht eindeutig. Viele Münchner Bierdimpfeln kennen ihn, den Traum: »Begebe Dich nach Andechs!«

Doch damit nicht genug. Der guten Frau träumte natürlich nicht vom Bier, sondern ihr Traumgesicht wies sie an, in Andechs nach dem verlorenen Schatz zu suchen. Und zwar in den Ruinen der Kirche.

Der Schatz, den sie verloren hatte, der bestand aus dem Licht ihrer Augen: ein unbezahlbares Licht, das erloschen war, so wie man einen Schatz, nämlich etwas ganz Wertvolles und Wunderbares, verliert.

Einem frechen kleinen Kirchenmäuslein verdankt das Kloster Andechs seine stets wachsende Anziehungskraft bei Trinkern, Pilgern und Betern. (Kupferstich von 1690)

Jetzt aber zum Unterbewusstsein, zum Un- und Unterbewussten, das im Traume hochkommt und »nach oben drängt« (übrigens auch in jeder Sage):

Die Frau träumte nämlich auch noch von einem grünenden Wacholderstrauch, den sie – da, wo der Schatz sei! – finden werde. Die Wurzel davon solle sie ausgraben und damit ihre Augen bestreichen.

Grün, die Farbe der Hoffnung und der lebendigen, sichtbaren Natur.

Und »ausgraben an der Wurzel«. Ein Problem also von der Wurzel her anpacken! Da haben wir es.

»Wie, bei Gott, soll eine Blinde etwas finden!« wird so mancher ausrufen, »wie soll eine Person, der das Augenlicht fehlt, Grün als Farbe erkennen und damit den Wacholderstock ausmachen, wie, um alles in der Welt?«

Aber man hat die Frage längst schon selber beantwortet, vielleicht ohne es zu merken.

Nämlich »wie bei Gott...!« hat man ausgerufen und damit schon bemerkt, dass Gott natürlich mithelfen wird und mitgeholfen hat. Schon Jesus sagte bei den Wunderheilungen: »Dein Glaube hat Dir geholfen«. Und so war es denn auch immer. Weil der Betreffende die Hilfe gewollt hat. Da konnten dann Blinde wieder sehen und Lahme wieder laufen.

»Glaub' ich nicht«, wirfst mancher jetzt erneut ein und wieder hat ihm der Intellekt einen Streich gespielt. Man soll es nicht wissen wollen, sondern soll es glauben. Glaube und Wissen sind nämlich gar nicht so weit voneinander entfernt, wie man glaubt, denn Wissen, das befasst sich mit Tatsachen, Glauben aber schafft die Tatsachen. So kann der Glaube, schneller als man glaubt, zum Wissen werden.

Die gute Frau hat also der Botschaft ihres Traumbildes geglaubt, ist hingegangen zu der Ruine in Andechs, oder hat sich vielleicht hinfahren lassen, das spielt gar keine Rolle. Sie hat den Wacholderstrauch gefunden. Wer sucht, der findet, und Blinde werden ans Licht gelangen, wenn sie den Stolz überwinden, den der Intellekt gebiert und der aus der Angst stammt.

Die Frau fand also, was sie suchte, bestrich sich die Augen, und das Dunkel lichtete sich.

Sie ward sehend.

Also erzählte sie allen von dem Wunder, und viele glaubten, und Herzog Ludwig der Strenge ließ die Andechser Kirche wieder aufbauen, als diese Kunde zu ihm gedrungen war.

Und viele, viele Pilger pilgerten hin zum Heiligen Berg. Die Reliquien waren aber immer noch nicht gefunden.

Jahrhunderte später, man schrieb das Jahr 1588, lebte also am Anfang der Zeit der lebensgierigen Barockengel und überfütterten Putten, da hielt in der Andechser Kirche ein Franziskanermönch mit Namen Jakob Dachauer eine Messe.

Zwischen der Liturgie und deren vielen Worten gibt es immer wieder Augenblicke der Stille. Man kann diese Stille geradezu hören und für manchen, der hören kann, mag sich in der Stille, »in den Klängen des Schweigens«, vielleicht mehr ausdrücken als in der geschliffenen Rede gewandter Beter.

Doch nicht nur die Stille war zu hören, sondern auch das Rascheln eines Mäusleins, das da aus einem versteckten Loch unter dem Altar hervorgekommen war. Doch das frechfröhliche, graue Geschöpf mit den großen Ohren hielt ein vergilbtes Zettelchen im mäusezahnigen Mäulchen!

Hätte das alles nicht der fromme Franziskanermönch gesehen mitsamt seinen eigenen Augen und denen der versammelten Gemeinde - niemand würde den Vorfall heute glauben.

Aber es war tatsächlich so.

Die kleine Maus indes erschrak, irgendwie merkte sie, dass alle auf sie starrten und dass das stets wiederkehrende melodische Geräusch aus Murmeln von Gebeten und Gesängen plötzlich so lange ausblieb.

Bevor das Viecherl aber wieder in sein Loch schlupfte, ließ es den kleinen Zettel fallen.

Da lag er. Der Mönch Dachauer führte den Gottesdienst zu Ende.

Aber war er in Gedanken noch bei der Sache? Warum soll ein Franziskanermönch nicht neugierig sein? Auch der heilige Franziskus war neugierig auf das Geheimnis der Schöpfung, der Sonne und des Lichts.

Dachauer setzte, mit besonders gottergebenen Gebärden, die Liturgie fort, wartete aber voller Ungeduld, bis der Gottesdienst endlich vorbei war.

Bei Gott war er in Gedanken längst nicht mehr. Aber er

war bei Gott neugierig. Jetzt endlich war die Messe zu Ende. Die Menschen strömten aus der Kirche.

Jakob Dachauer hob schnell den Zettel auf. Seine Hände zitterten, als er die spitzen mittelalterlichen Schriftzeichen zu entziffern begann. Er hatte, fein säuberlich auf den Zettel geschrieben, eine genaue Aufstellung der verschwundenen Reliquien vor sich.

Und man begann zu suchen und zu graben, genau da, wohin die Maus sich verkrochen hatte: unter dem Altar!

Und siehe! Da war der Schatz. Alles kam zum Vorschein, genau so, wie es überliefert war und auf dem kleinen vergilbten Zettelchen gestanden hatte.

Noch ein Tip: Verlorene Schätze in Kirchen und Klöstern, die sind immer unter dem Altar versteckt.

Das macht sich besser, später in den Sagen, Legenden, Märchen, die von verlorenen Schätzen handeln. Die betreffenden Personen wissen das aber nicht und suchen immer erst an anderer Stelle. Damit alles ein wenig spannender wird.

Merke (bei allen Sagen): Auf den *Ort* kommt es an.
Und:
Der Ort nimmt einen mit!

Sage ist: Wissen um Magie

Fürstengruft in der Michaelskirche: Ein fehlender König Ludwig II.

– und ein gewaltiger Raum-Zeit-Tunnel!

»Eigenartig: Immer wenn ich unter der Höllensturz-Figurengruppe der Michaelskirche stehe, wenn also über mir die gewaltige Erscheinung des Erzengels Michael seinen Widersacher Luzifer zur Erde wirft, dann wird mir außerordentlich schwindlig!«, das sagt Renate benommen und fasst sich wieder einmal an den Kopf.

Sie weiß nicht, dass sie genau an einem »magischen Ort« steht! Genau an der Stelle, auf die Michaels Lanze treffen würde, ist solch ein »mystischer Platz«, ein »Ort, der etwas im Menschen bewirkt«: Mitten auf dem Pflaster der Fußgängerzone können Sie die Kraft spüren!

Man muß wissen: Solche Plastiken wie der »Höllensturz«, mögen sie den edlen Michael zeigen oder, oft in Bayern zu finden, den Drachentöter Georg,- sie sind stets »geo-mantische« Fingerzeige: Die Erdenergie wird am richtigen Punkt gepfählt. Und für »Energie der Erde« steht oft der Drache.

Oder das Weibliche. Oder der Teufel. Oder Fruchtbarkeit: Wer wird hier wohl ungerecht behandelt von Sage und Mythologie!

Es kann dem Passanten an diesem Platz leicht schwindelig oder gar schlecht werden und ein Mensch, der hier steht, ist für andere zumeist unsichtbar! Einfach hingehen und ausprobieren.

Nun aber in die »Fürstengruft«. Kirche betreten, rechts nach vorne gehen und dann seitlich der »Abstieg«. Wichtig: Vor Eintritt

in den mit Bleisärgen vollgestellten Raum die Armbanduhr überprüfen...
Denn der Höllensturz des Eingangsbereiches ist nur ein Vorspiel zu dem, was dann, unten in der Gruft, folgt!

Eine Aufforderung, die eigene Uhr zu überprüfen, hat seinen guten Grund. Denn vielen Besuchern dieses beklemmenden und zugleich faszinierenden, »aufladenden« Raumes ist hier die Uhr stehengeblieben. Allein mir persönlich ist's schon zweimal passiert. Kein Wunder auch. Befinden wir uns hier in einem klassischen »Raum-Zeit-Tunnel«.

Der perfekteste Tunnel dieser Art ist der Untersberg bei Berchtesgaden: Sagen berichten vom Einstieg verschiedener Personen in die Höhlen des Felsenmassivs, jedoch waren bei der Rückkehr jener Wanderer nach einigen Stunden (!) – für den Rest der Welt Monate vergangen und sogar Jahre (!).

Die Zeit tut sich in der Fürstengruft wirklich schwer mit ihrem »Sein«. Denn die Geschichte ist allgegenwärtig. Die Vergangenheit packt die Zukunft und unsere Gegenwart kann sich der Dynamik nicht entziehen. Der Ort »nimmt einen mit«. Aber wohin..?

All die verschiedenen und unheimlichen Blei- und Zinksärge in diesem viereckigen Raum mit dem Oberlicht sehen nicht nur okkult aus – sie sind es. Hier ruht die (wittelsbachisch geprägte) Geschichte Bayerns. Die Energie, wie sie hier aufgestaut ist, reicht durchaus, um die Zeit »kurz-zeit-ig« zu überwinden. Der Ort verjüngt: Schauen Sie hinterher in den Spiegel.

Mein weiser Begleiter (Radiästhet, also Rutengänger und Eingeweihter) hat immer schon gesagt: »Du, der Sarg vom König Ludwig ist leer!«

Auf eigenartige Weise sollte er Recht behalten. Denn im vergangenen Sommer haben die »Guglmänner« (eine sehr königstreue Vereinigung, die nur in schwarzen Kapuzenhabits auftritt), den Königssarg *von unten* fotografiert: Mit einem kleinen aber feinen Trick: Ein Wägelchen mit Kamera unter den Sarg schieben... ach ja: Und den Wärter ablenken!

Und man hat mit der Aktion herausbekommen, was jeder Hellsichtige lange schon weiß: *Der Sarg ist leer.*

Wo aber liegt der König? Keine Angst, es geht ihm gut. Aber alles kann nicht verraten werden.

Onuphrius, der Riese vom Marienplatz, den keiner sieht, weil er so sichtbar ist!

Wer kennt schon »seine« Stadt so genau, wie er oft vorgibt, sie zu kennen?

»Ein Riese auf dem Marienplatz...?«, höre ich den geneigten Leser jetzt empört fragen, »...ein deutlich sichtbarer Riese? Also nein, das kann nicht sein. Ich kenne mein München, und den Marienplatz durchmesse ich in der Woche zweimal.«

Der Leser möge sich alsdann prüfen: Kennt er den Riesen auf dem Marienplatz?

Genau hinschauen! Schräg gegenüber dem Rathaus, da, wo heute das »Cafe Rischart« untergebracht ist, sieht der München-Bummler, wenn er nur genügend den Kopf hebt, ein »riesen«-großes Fresko, das wiederum einen Riesenkerl zum Inhalt hat.

Dieser Riese mitten in München ist nackt dargestellt (und das schon vor der Zeit der Flitzer im Englischen Garten), die Lenden allerdings hat er diskret mit Baumzweigen umgürtet. Auf seinem Riesenhaupt prangt eine Krone, in der einen Hand hält er ein Doppelkreuz, in der anderen den Knotenstock. Man sieht, der großgewachsene Kerl hat alle Hände voll zu tun.

Dereinst war er ein persischer Königssohn, dem aber nicht das herrliche und nichtstuerische Schicksal vieler Königssöhne im Märchen vergönnt war. Nein, sein Vater war streng, böse, hart und er verstieß seinen Sohn schließlich vollends.

Onuphrius ging nun in die Wüste, zog sich ganz zurück auf Zwiesprache mit der Unmittelbakeit der schroffen Natur; so, wie dereinst Abraham, Moses oder Jesus es getan hatten, sammelte er tiefe Erkenntnisse. Sechzig lange Jahre lang.

Er widerstand in diesen entsagungsreichen Jahren der gleißenden Sonne ebenso wie den unbarmherzigen Frösten der Nacht.

Mit der Zeit sah er aus wie ein Heiliger, ein Verrückter oder gar Prophet: Die Haare und der Bart waren so lang geworden, dass der Mann keinen Umhang mehr brauchte.

Wie viele seines Schlages hatte er die Gabe der Wundertätigkeit, das heißt, er konnte heilen oder außergewöhnliche Dinge bewirken. Dabei handelt es sich um ein seltsames Phänomen, das alle Religionen kennen: Wenn ein vom Schicksal Ausersehener vollends auf sich selbst und die Stimme und Einflüsterung der Natur zu hören lernt, wenn er sehen kann, was andere über-sehen, – dann erlangt er mit der Zeit Erkenntnisse über Kräfte und innerste Zusammenhänge. Und diese Zusammenhänge offenbaren »das Verborgene«, der Rest der Menschheit ahnt nicht einmal, dass es so etwas geben könnte.

Dann aber war die »Einweihungszeit« des Wüstenmannes vorüber.

Onuphrius verließ die Wüste, wanderte in der Welt umher, tat überall Wunder, heilte – und kam nach München (!)

(Man sieht, es ist eine Sage! Realiter sind derart Eingeweihte, die es gelernt haben, auf oberflächlichen Glitter zu verzichten und die Entbehrungen ertragen können, statt das Luxusleben auszuschöpfen, – solche Menschen sind selten lange in der Isar-Metropole geblieben.)

Was der freundliche, aber Furcht einflößende Riese in München getrieben hat, darüber schweigt die Sage sich aus. Er soll einmal durch das Talbrucktor in die Stadt geschritten sein, ein zweites Mal ist er bei dem großen Brand in der Burggasse aufgetaucht. Dort half er, indem er mit Riesenschritten Wassereimer herbeischleppte.

Für die Anwohner: Ein Riesenglück.

Die Reismühle und die Geburt Karls des Großen

Wer von Pasing aus Richtung Mühltal fährt, immer an der wildromantischen Würm entlang, der begibt sich auf eine Strecke ausgewiesener Kraftorte, magischer und hochgradig wirkender und er-spürbarer Stätten, die schon lange vor dem Christentum als bekannt galten, zumeist stammen die Weihestätten aus keltischer Zeit.
So ist bei Buchendorf die imponierende und immer noch »wetterwirkende« Keltenschanze zu sehen und zu spüren, wir fahren aber weiter, bis bald nach Gauting das Feld sich weitet und zur Linken ein hohes Gebäude mit der Aufschrift »Reismühle« erscheint. Die sagen-umwobene Reismühle Karls des Großen muss aber wohl in der Nähe von Mühltal, am Fuße des Karlsberges liegen ...
Allerdings streiten sich viele Länder und Ortschaften um die Ehre und den Vorzug, Geburtsstätte des mächtigen Frankenkaisers Karl des Großen zu sein.

Damit verhält es sich so: König Pippin, der Vater des später so großen Karl, weilte oft und gerne in der Gegend des heutigen Weihenstephan bei Freising. Vor allem die Jagd liebte er und ging dieser Leidenschaft in den dortigen dichten Wäldern gerne nach. Es wird diesem Pippin übrigens nachgesagt, er sei klein von Gestalt gewesen, aber groß an Tapferkeit und, vor allem, – an Verstand!

Von hier aus, also aus der Mitte des Jagdreviers, entsandte der kluge Pippin dereinst seinen Marschall, damit dieser Pippins bildschöne Braut Berta aus dem dunklen und gefährlichen Wald »heimführen« möge. Diese schöne, zur späteren Gattin erwählte Berta war die Tochter eines sehr mächtigen Fürsten im Osten Europas.

Unter dem Begriff »heimführen« hat man damals verstanden: Dem Bräutigam zuführen ...

Von wegen.

Soll man eine so schöne Frau mitten im Wald einem anderen Manne anvertrauen, selbst dann, wenn dieser der tüchtige und erprobte Marschall ist? An jenem delikaten Punkt muß wohl Pippins Klugheit an Grenzen gestoßen sein.

Der Marschall war listig und verschlagen und dumm war der überhaupt nicht. Wie alle Intriganten, die List, Witz, Tücke und messerscharfe Berechnung in sich vereinen, war sein Plan zwiefach brauchbar. Er führte nämlich dem geprellten Pippin seine eigene Tochter zu. Diese, die Tochter des listigen Marschalls, war nicht minder schön und auch nicht minder begehrenswert als Berta, die vorenthaltene Braut. So hatte der Ränkeschmied für seine Tochter gesorgt, für Berta dachte er sich allerdings eine unelegante und böse Lösung aus, die nicht ohne Gewalt auskam: Übergab er doch die verzweifelte, heulende, händeringende Schöne zwei düsteren Gesellen, die sie im tiefsten Wald umzubringen hatten.

Ihre Schönheit war indes so zwingend (durch die vielen Tränen, die sie angesichts des nahenden Endes weinte, wurde sie immer schöner), dass den üblen Mordbrennern das Herz erweichte: Sie ließen Berta laufen.

Nun irrte diese durch die Wälder und Untergehölz, ernährte sich von Beeren und Kräutern, trank Quellwasser, – heute würden wir sagen: Sie lebte naturbewusst.

Sie wurde immer schöner in der frischen Luft, erreichte einen Köhler, der war anständig, fasste sie mit seinen schwarzen Händen nicht an, geleitete sie aber zur Reismühle, wo sie Aufnahme fand.

Tüchtig wie sie war, erwarb sie durch emsiges Spinnen ihren rechtschaffenen Lebensunterhalt.

So verging die Zeit.

Pippin war mit der anderen schönen Frau bestens bedient, aber Betrug war's doch, was da als christliche Ehe sich gab. Und der Liebe Gott bringt immer alles an den Tag.

Sieben Jahre später:

König Pippin reitet von Weihenstephan aus ins Mühltal zur Jagd. Er hat es auf den »Urstier« abgesehen, wie die Quelle zu berichten weiß. Und schon greift die höhere Macht ein. Sie hat sich immerhin sieben Jahre Zeit gelassen:

Pippin kommt vom Weg ab, verirrt sich im dichten Wald. Nur noch ein Knecht und ein sternenkundiger Arzt sind bei ihm.

Der sieht ein Licht, es ist allerdings kein Stern, sondern ein erleuchtetes Fenster der Reismühle. Als alle dort anlangen und eingetreten sind, erkennt Pippin die schöne Spinnerin sofort als seine wirkliche Frau, will sagen Verlobte, denn sie trägt eben den Verlobungsring, den er ihr vor Jahren geschenkt hat.

Er berief sofort einen »Untersuchungsausschuss« ein, der brachte ans Licht, was ans Licht musste.

Die falsche Braut ward verstoßen, die richtige geheiratet. Sie blieb allerdings in der Reismühle, weil es dort gar so schön war.

Und hier, am »magischen Orte«, gebar sie ein Knäblein: Karl den Großen. So nannte er sich damals allerdings noch nicht, er erfüllte aber, wie die wohlwollende Quelle erzählt, später, als er ein Mann war, »... die ganze Christen- und Heidenwelt mit seinem Ruhme...«

Vielleicht hätte die Heidenwelt auch ganz gern auf ihn verzichtet.

Statt jemandem einen Bären aufzubinden, hat Korbinian dem armen Bären die Last aufgebunden!

Gewusst wie! – Der Heilige Korbinian ist nicht nur untrennbar mit der Erzdiözese München und Freising verbunden, er war auch, wie wir gleich sehen werden, ein recht »bäriges« Mannsbild und »sorgte« für ein »Wappentier«.

Das Logo, das Wappen also, es zeigt den Heiligen Korbinian.

Den erkennt man sofort daran, dass ein liebenswerter, zahmer Bär zu seinen Füßen einhertrotte(l)t und dem Heiligen die Last trägt: Zumeist ist diese »Last« ein fest verschnürtes Paket, das dem geduldigen Viecherl auf den Rücken geladen ward.

»Das gibt's doch gar nicht..!«, wird hier der belesene Zoologe einwerfen, »...Bären sind ausgesprochen eigenständige und eigen–willige Wesen, die denken doch gar nicht daran, einem Menschen als Dienstmann zu dienen!«

Eben doch.

Wenn es sich um Heilige vom Format eines Korbinian handelt, dann werden sogar Bären schwach.

Korbinian ist einer der ganz frühen bayerischen Heiligen. Bevor er Patron der Erzdiözese wurde, hatte er ein bewegtes Leben, das wir nun blitzlichtartig beleuchten wollen: Geboren wurde der Gottesmann um 670/675 bei Melun, das ist im gallofränkischen Raum.

Das Wort »Mönch« kommt von »Mono«, bedeutet also letztlich »eins«, »einsam« – Einsiedler. Genau das war er auch, er zog sich schon in jungen Jahren in die tiefen Wälder seiner Heimat zurück.

Damals wie heute war Rom immer eine Reise wert, auch Korbinian trieb es bald dorthin, er traf »zufällig« auf Papst Gregor II. (715–731); dieser ernannte den Einsiedler mit Reiseambitionen zum Wanderbischof und sandte ihn als Missionar nach Frankreich.

Wir kennen die dortigen Verhältnisse alle aus den Asterix-Bänden. Halt, das war etwas früher. Aber geändert hat sich nichts, bis heute.

Wieder und immer wieder trieb es Korbinian in die Metropole der Christenheit.

Diesmal kam Korbinian auf seinem Weg zum Papst quer durch Bayern.

Gibt es einen Menschen oder gar Heiligen, der davon nicht beeindrückt wäre? Die meisten Touristen bleiben in Bayern. Aber Korbinian hatte zunächst andere Pläne.

»Bleib doch da!«, bat ihn der alte Herzog Theodo von Regensburg.

»Geht nicht..«, meinte Korbinian dienstbeflissen, »..aber ich komme wieder, guter alter Theodo!«

Der verdrückte eine Träne, ließ den sakrosankten Wander-G'schaftlhuber aber ziehen.

Und dann! Auf dem Weg über den Brenner geschah die »Bären-Story«. Die ist garantiert wahr, wenngleich oftmals behauptet wurde, es sei eine Legende. Hier der authentische Tathergang.

Korbinian ging durch einen Gebirgswald. Stille. Kein Laut ringsum. Nur das Auftreten der eigenen Sandalen auf dem Waldboden.

Da!

Ein Riesentrumm-Bär! Unvermutet aus dem Gebüsch!

»Hab ich dich!«, brummte der Bär. (Bären gelten als wild und unberechenbar). Schlechte Papiere für Korbinian. Möchte man meinen. Aber der Bär hatte sich verrechnet.

Stand er doch einem Gottes-Streiter gegenüber.

Dieser packte das arme Tier an den Ohren und ohrfeigte die Zottelkreatur: Unnachgiebig. Inbrünstig. Katholisch.

»Hör doch auf! Das tut so weh!«, jammerte der Bär.

»Mich so zu erschrecken«, schimpfte Korbinian, watschte und schüttelte den geschockten Meister Petz.

»Aufhören«, so der Bär.

»Nur, wenn du mir einen Gefallen tust!«

»Jeden.«

Von da an war der Bär das Lastentier das Heiligen. Korbinian hatte ihm einfühlsam den rechten Glauben beigebracht.

Seitdem schreitet er erleichtert duch die zu missionierenden Lande. Kann er sich doch nun wesentlich intensiver ums Geistige kümmern.

Erfolgsmenschen denken so. Damals wie heute.

Würde Korbinian heute leben, er ließe sich gar noch als Tierfreund feiern. »Rettung bedrohter Arten«, oder so.

Vielleicht ist die ganze Story symbolisch zu verstehen. Welche Last hat er dem aufgeladen?

Vielleicht die eigene Sündenlast?

Das hätte den Bären (symbolisch: Die reine, unverdorbene Kreatur) nicht weniger geschafft als der Watschenhagel.

Jetzt wissen wir das Wesentliche. Nach diesem Missionierungs-Höhepunkt lebt Korbinin die üblichen Highlights eines Heiligenlebens aus: Er errichtet, nach der Rückreise aus Rom, im Passeiertal ein Kloster, in dem er begraben werden will (Eitelkeit im Spiel...?). Man weiß ja nie.

Später: Niederlassung in Freising. Einen Lieblingsaufenthalt bevorzugte der »bärige« Heilige auf jener Anhöhe in Freising, auf der ehemals das Kloster St. Stephan und heute die Brauereischule Weihenstephan steht.

Meist ist so ein lauschiges Fleckerl Erde mit einem gar lieblichen Brünnlein verbunden oder wenigstens einer Wasserader, damit die Wünschelrutengänger hinterher sagen können:

»Aha! Kraftort! Klar.«

So war es eben nicht. Diesem Lieblingsort des Heiligen Korbinian fehlte das Wasser, man musste es von weit her schleppen. Korbinian erinnerte sich nun an das, was bereits Moses im Alten Testament eingefallen war: Tüchtig beten und dann mit einem Stock an den Felsen schlagen.

Muß ich noch sagen, was sogleich passiert ist: Munter sprudelte eine Quelle reinsten Wassers quicklebendig aus eben diesem Felsen!

Übrigens gibt es einen Erklärungsversuch der moderneren Zeit, angesiedelt zwischen Wissenschaft und Esoterik: Dieser Stock, mit dem bereits zu biblischer Zeit Moses »Wasser aus dem Felsen schlug«, was nach ihm verschiedene Heilige und Gottesmänner ebenfalls konnten, dieser »Stock« ist wahr-scheinlich die Umschreibung für »Wünschelrute«. Heilige sind besonders feinfühlige Menschen, sie haben »Seher«-Qualitäten, können also auch radiästetische Wahrnehmungen haben – und umsetzen.

Als der Heilige Korbinian dann in den Himmel der Seligen und Heiligen einging, versiegte die Quelle. Erst 50 Jahre später, als man die Leiche des Gottesmannes nach Freising brachte (ursprünglich ward er auf dem Zenoberg bei Meran beigesetzt; heute ruhen seine Gebeine auf dem Korbiniansaltar in der Unterkirche von Freising), – da sprudelte die Quelle so lebendig wie ehedem.

Die Heilkraft des Brunnens wird heute noch gerühmt, das Wasser dient vor allem dazu, Augenlicht zu wahren, Augenleiden zu lindern und die Sehkraft (Seher-Kraft?) zu schärfen.

Aber auch das verschonte Korbinian in seiner Freisinger Zeit nicht vor erheblichem Ungemach. So in der Begegnung mit einer adligen Ehebrecherin: Die junge hübsche Herzogin Piltrudis lebte in einem, sagen wir es milde, »g'schlamperten Verhältnis«.

Korbinian wettert: »Du Miststück!«

Er hätte lieber sagen sollen: »Gnädige Frau«. – Da waren viele Kirchenmänner vor und nach ihm diplomatischer als er.

Die wilde Dame hätte ihm fast das Leben gekostet. Aber Gott (und auch ein sehr beschäftigter Schutzengel) blieben bei Korbinian bis zu dessen (natürlichem) Tode. Und der geradlinige Heilige flüchtet alsbald nach Südtirol – Zu Sonne, Wein und Schinken...

Die lange Agnes

Im stillen Ampertal, nicht weit weg von Freising, liegt das Dorf Palzing. Übrigens ist »Freising« ein Ortsname, der den Münchner recht naheliegt, – heißt es doch »Erzdiözese München und Freising«, mit dem Heiligen Korbinian im Wappen, der auch stets seinen Bären dabeihat. Warum das so ist, wissen wir jetzt aus der Korbinians-Sage.

Stellen wir uns vor: Wir sind in der Gegend von Palzing. Wälder krönen die niederen Höhen. Noch ist nichts verbaut. Wir sind in der zeitlosen Zeit der Sagen und Märchen.

Wer heute der Sage nachspürt, der findet dort den weißen Berg. Und ein Zeitgenosse, der schlecht auf Frauen zu sprechen ist, darf diese Sage gar nicht lesen ...

Sollte aber einer, der keine Furcht kennt, den so besondern Ort begehen, dann möge er sich nicht über die weißen Nebelfetzen wundern, die dort zwischen den Hügeln umherschleichen wie Diebe in der Nacht.

Und eine schauerliche Mär geht um! Es ist die furchtbare Geschichte von der langen Agnes:

Hier, auf dem Weißen Berg, stand vor langen, langen Zeiten die hochragende, stolze Burg.

Hoch und herrlich, aber von der »Schwingung« her recht negativ, unheilvoll drohend und ganz und gar mit unguten Energien beladen, so wirkte die gesamte Anlage. Gewaltige Steine bildeten die Struktur des uneinnehmbaren, kalten Gemäuers. Herrenhaus und Kemenate hoben sich gegen den föhnigen oder zumeist wolkenverhangenen Himmel ab.

Hier herrschte eine Frau über alles: Sie gebot über Ross und Reiter, Küche, Kinder und Kerker: Agnes.

Schlecht sah sie nicht aus, zugegeben, aber solch ein

Weib würde ich nicht einmal meinem Todfeind wünschen. Oder doch?

Wie viele herrische Frauen liebte sie Pferde; so war ihr liebster Aufenthalt der Sattel, sie flog auf schnellen und teuren Tieren über Wiesen und Wälder. Dabei flatterte der helle Schleier ihres spitzen Hutes wie eine Kriegsflagge im Wind.

Gar mancher Erdenmensch, vor allem wenn er herrschen darf, verfängt sich in den Maschen des kalt herrschenden Kaisers aller Untugenden: Das ist der Stolz.

Agnes, sie war wahrlich stolz, dazu herrisch, grausam. Ihr Regiment im Schloß führte sie streng, allzu streng. Wenn ein Dienstbote etwas falsch machte oder gar aufbegehrte, dann wurde er in ein Fass eingenagelt und dieser verfremdete hölzerne Sarg vor aller Augen den weißen Berg hinuntergerollt. Ein schrecklicher, grausiger Tod ward mit dieser herzlosen Aktion vorbereitet, ein Todeskampf,der unten in der Amper in einem elendigen Ertrinken endete, falls der Unglückliche überhaupt noch bei Bewußtsein war.

Der Tag der Strafe kommt für alle und jeden. Wenn wir auch in einer Zeit leben, die jede Moral mit Füßen tritt und die das Unterste an Gemeinheit nach oben kehrt und damit salonfähig macht; auch wenn Mörder in unseren Tagen »Straf-Urlaub« bekommen und eine modernistische, psychologisierende Rechtssprechung den Tätern mehr Ehre einräumt als den Opfern:

Es gibt sie doch, die höhere Gerechtigkeit, das Maß aller Dinge gibt es immer und überall. Und wenn nicht in dieser Welt, dann in der anderen.

Dies ist eine Ur-Erfahrung des Seins. Und die Sage kündet davon.

Die lange Agnes weilt auf ihrem Schloss, es brütet der Hochsommer über dem Land. Die Hitze steht und hat jenes bösartige weißliche Licht, das oft einem sehr schweren Gewitter vorausgeht. Dann schiebt sich die bleigrüne

Gewitterwand genau über das Schloss. Der Blitz zündet, silbergold lodernd, er trifft direkt in den Hauptsöller.

Alles steht in Flammen, die Insassen aber retten sich zeitig ins Freie. Oben aber auf dem Turm, inmitten des Höllenfeuers, das längst den Weg nach unten abgeschnitten hat, steht und gestikuliert verzweifelt die Herrin. Sie fleht nach Rettung. Aber von unten her schauen alle zu, wie sie verbrennt bei lebendigem Leibe. Wer sollte ihr helfen wollen?

Heute ist nichts mehr von Turm und Schloss zu sehen, – außer in dem wunderbaren Bilderkasten der Phantasie. Und!

Nächtens, vor allem bei Vollmond, muß die Hexe Agnes das schwere Holzfass den weißen Berg hinaufrollen, immer und immer wieder. Man hört ihr gequältes Ächzen, sieht das bleiche Geisternebelkleid flattern. Dann, polternd und krachend, rumpelt das Fass wieder in die Tiefe. Von neuem beginnt die elende Plackerei, – bis dann der erste Lichtstrahl eines gnädigen neuen Morgens Agnes in ihre dunkle, ewige Gruft entlässt.

Bis zum nächsten Abend, kurz vor Mitternacht ...

Das Schnarchermandl in den Isarhöhlen

Die Isar, wie sie an hochsommerlichen Tagen so gerne von Flößen befahren wird, die, beladen mit fröhlich singenden und zechenden Zeitgenossen flussabwärts treiben, Menschen, die im Dunste von Bier und lauter Dixie-Musik den spirituellen Gehalt eier so sanft dahin gleitenden Fahrt gar nicht recht mitkriegen, – dieser smaragdgrüne und wahrlich reissende Fluss hat immer schon Stoff für verschlüsselnde Sagen hergegeben. Die »Isarnixe« und deren fürchterliches Ende sind da nur ein bekannteres Beispiel.

Nun denn. An den Uferhängen der Isar existieren dunkle Höhlen, die sicherlich ihre Herkunft dem dortigen Gestein, zumeist Nagelflu, verdanken. Und in den Höhlen zwischen Menterschwaige und Großhesselohe ist es auch ganz und gar nicht geheuer!

Denn es ist so: In diesen weit verzweigten, dunklen und feuchten, von uralten Geheimnissen durchwobenen Höhlen und Grotten, da finden sich menschliche Gerippe. An diesen Knochenmännern aber hängen ganz besondere Mysterien: Mit verkrampften Totenfingern umklammern die längst Dahingeschiedenen ihre alten, zumeist kupfernen Waffen. Wer sich auskennt, wird da schnell an keltische Friedhöfe, an grausige Kult- und Opferschächte denken. Und deren Totenwächter, die von längst vergangenen, dämonendurchwobenen Kulturen zeugen, sind auch nicht weit: Riesige Kröten sitzen neben den Skeletten und wachen. Aber worüber...?

Das eben ist es. Irgendwo muss der Grund sein, dass hier die Opfer kultischer Handlungen ruhen und streng bewacht werden. Das gab immer schon Anlass zu mutigen Expeditionen und Forschungsgängen. Aber jeder, der die Skelette gesehen hat, dem war danach sonderbar. Eine der

Höhlen jedoch verschließt sich dem Entdeckt-Werden auf unerklärliche Weise. Keiner wagt, hinein zu gehen. Aus dem Innersten ist immer wieder Kampfgetümmel zu hören. Man sagt, dass sich dort zwei Kaiser um ihren Bart streiten.

Und wehe denen, die es ganz genau wissen wollen und die dann die Höhle der unbekannten Streiter trotz aller Warnungen betreten haben!

Denn denen begegnet kein geringerer Ungeist als das Schnarchermandl. Wie der Name schon vermuten lässt, ist dies ein bösartiger und alles andere als wohlgesonnener Höhlenkobold. Einige allzu mutige Burschen, die es genau wissen wollten, haben mit diesem Dämon schon die bittersten Erfahrungen machen müssen.

Dieser kleine Teufel beherrscht eine Verderben bringende Atemtechnik, er »intoniert« laut und grässlich, was dann im Volksmund als »laute Schnarchtöne« beschrieben wird. Vorsicht aber vor diesen schnarchenden, scharrenden Lauten, die dringen durchs Ohr ins Unterbewusstsein, und deren üble Schwingung kann den Eindringling Leben, Geist und Seele rauben. Viele allzu kesse Höhlenentweiher haben schlimmsten Schaden erlitten, kein Arzt konnte helfen – nur wer sich mit Magie auskennt, der weiß zu deuten, was da passiert sein muss. Vielleicht hätte ein wissender Priester noch helfen können.

Da hilft nur schnellstens Reißaus zu nehmen – oder gar nicht hingehen. Hilfe in höchster Not liefern dann manchmal die mitleidigen Holzfräulein, das sind liebevolle kleine Hilfsgeister, vielleicht Feen, die in den Hölzern wohnen? Wer weiß...

Die Insel Wörth im Wörthsee

Wer sich mit »magischen Orten« befasst, der wird auf der Insel Wörth im Wörthsee wahre Wunder erleben. Überhaupt das Wort »Wörth«! Man denke nur an die gleichnamige Insel im Staffelsee, auf der dereinst ein mystisches Benediktinerkloster stand, ein mehr sagen-haftes, wiewohl auch historisches Anwesen, das heute noch zu geheimnisumwitterten Grabungen (und Funden) einlädt.

Die Insel Wörth im Wörthsee ist aber ins Umfeld Münchens einzuordnen, denn von Pasing nach Seefeld ist's nur eine Viertelstunde mit dem Auto:

Seefeld? – Jene erhabene, wirklich magische Anlage hoch über dem Pilsensee! Hier wohnte dereinst ein steinreicher Herr, war vom Dämon der Raffsucht getrieben, der hütete Geld und Gold wie einen Schatz, gab den Armen nichts außer harter Fronarbeit. Einmal war die Not so groß, dass die Armen händeringend und hilfeflehend vor seinem Schloss standen. Da ließ er sie alle in einen Stadel sperren und diesen anzünden!

Er war aber nicht nur grausam, sadistisch und herzlos, sondern auch zynisch: Denn als in dem lichterloh brennenden Stadel die Menschen jämmerlich um Hilfe schrien und sterbend entsetzliche Laute von sich gaben, da bemerkte er trocken:

»Hört ihr, wie die Ratten und Mäuse pfeifen..?«

Das wurde ihm von höherer Macht heimgezahlt. Bald wimmelte sein einst so schönes und wohnliches Schloss von Ratten und Mäusen. Im Schlaf oder beim Essen: Ratten und Mäuse setzten ihm so zu, dass er schließlich Hals über Kopf ausziehen musste.

Nun versuchte er in einem anderen seiner Schlösser zu leben. Seefeld, wunderschön gelegen über dem Pilsensee...

Aber vergeblich. Wohin er ging, Ratten und Mäuse, überall die langen grauen Schwänze, das aufdringliche Fiepsen – er erlebte ein Dauerdelirium. Und das in »trockenem« Zustand, also ohne übermäßig Alkohol getrunken zu haben.

Letzte Hoffnung: Eine Insel im Wörthsee, ringsum von tiefem und klarem Wasser umgeben. Würde das Horror-Szenario ihm auch dorthin folgen?

Der Fliehende sollte aber auch auf dem Eiland keine Ruhe finden. Wohin er sich wandte, schon sah er einen grauen spitzen Schwanz im Eck oder in einer Mauerritze verschwinden, ohne Pause hörte er das Fiepsen der Nagetiere. Schlimmer noch: Sie krochen nun an ihm hoch; begannen ihn unverfroren anzunagen.

Da griff er zu verzweifelten Gegenmitteln: Seine Bettstatt ließ er an vier schweren Ketten von der Decke her befestigen, in diesem hängenden, schwankenden Bett glaubte er Ruhe zu finden: Nein, umsonst !

Die flinken Nager kamen diesmal »von oben«; krabbelten an den Ketten herab bis auf die Bettdecke, krochen alsdann unter die Decken ...

Er fand den einzigen Weg, der gangbar war: Den Weg zu Gott. Denn irgendwann hatte er einen »Tiefpunkt«, hielt das alles nicht mehr aus, bereute bitterlich, flehte Gott um Vergebung an, Vergebung für das, was er seinen Mitmenschen dereinst angetan hatte.

Er bereute bis zur völligen Zerknirschung. Zur Sühne für sein Verbrechen versprach er eine reiche Stiftung für die Armen und für die Hinterbliebenen seiner Schrekkensherrschaft.

Gott fand Mitleid und schenkte Vergebung. Er ist eben Gott. Die Mäuse und Ratten zogen ab, der einstige Schlossherr und sein Gefolge konnten die Insel im Wörthsee wieder bewohnen. Die nahe Burg Seefeld war daraufhin ebenfalls bewohnbar wie zuvor, blieb es auch, – das hochherrliche Anwesen mit tiefem Burggraben beherbergt heute eine beliebte Schloss-Schänke und ist Treff für Künstler und Kenner magischer Orte.

Den Wörthsee aber nennen einige Zeitgenossen noch Maussee, wiewohl es weniger werden, die um vergangene Dinge wissen, denn das Alte geht verloren.

Nur die Kräfte, die immer schon gewirkt haben, die bleiben und nehmen sogar zu in unseren Tagen!

Hexenprobe in Stockdorf!

Von Pasing aus das Würmtal entlang geradelt, gefahren oder gewandert: Dieser Weg an dem wildromantischen Flusslauf entlang bedeutet immer eine »magische Reise« vom Feinsten. In Stockdorf spürt man »es« (das gewisse Kribbeln) zum erstenmal, was auch nicht verwundert: Sind doch Hügelgräber in der Nähe. Dann Buchendorf bei Gauting mit der imposanten Keltenschanze. Schließlich das »Mühltal« mit dem Karlsberg, den Resten der legendären Burg und dem so beeindruckenden »Grab der Seherin«.

Bleiben wir aber in Stockdorf. Hier leben heute noch Hexen, erst im Jahre 2000 war ein großes Treffen und es hat aus diesem Anlass ein besonders großes Walpurgisnacht-Feuer gebrannt. Auch die Sage weiß von drei Hexen. Die waren aber wirklich zum Fürchten...

Etwa hundert Jahre mag es her sein. Während der Christmette kniete Johannes, der Sohn des Schullehrers von Schöngeising, der damals einem Bauern von Stockdorf als Knecht diente, im Gotteshaus. Die Leute drängten sich, draußen lag in diesem Jahr viel Schnee, der junge

Mann hatte mit Müh und Not im Gotteshaus Platz gefunden, ganz hinten neben der Eingangspforte. Ein »Zufall« wollte es, dass er auf einem Stühlchen aus neun (!) Hölzern kniete.

Wir aber wissen längst: Zufälle gibt es nicht.

So eine besondere Zusammensetzung verschiedener Hölzer, noch dazu mit der »eingearbeiteten« magischen Neunzahl, – es macht das Erkennen von Hexen möglich.

Alles eine Sache der Schwingung und Strahlung!

Man muß sich die Szene vorstellen: die Kirche ist voll besetzt, alle beten, keiner der Gläubigen sieht und kann erkennen, was sich dem fassungslosen Johannes an Schrecknis offenbart:

Vorne in der Kirche befinden sich neun Hexen!

Sie kehren dem Altar den Rücken zu, schauen also aufs Volk (heute sind wir das gewohnt: denn durch die neue Liturgie, die dem Vatikanum folgt, macht der Priester das gleiche, – schlimm aber wahr).

Und wie die Hexen ausgestattet sind! Statt Hauben tragen sie Hühnernester auf dem Kopf, das will sagen: Umgedrehte, unbrauchbare Bienenstöcke, in denen gackernd Hühner nisten.

Von diesen sieben Frauen waren übrigens fünf schon vorher als üble und schwarzmagische Hexen bekannt, von zweien wusste man es allerdings noch nicht. Wirtinnen, das auch noch! (Gnade denen, die regelmäßig bei den Weibern gegessen haben).

Nun traten ganz bestimmte Gesetzmäßigkeiten der Magie in Kraft. Die Hexen erkannten ihrerseits, dass sie erkannt waren und bauten einen tödlichen Hass auf. Da sie aber in der Kirche saßen und die Wandlung stattfand, blieben sie machtlos.

Dann aber ist die Wandlung vorbei!

Wie Wahnsinnige stürzen die Hexen sich auf Johannes, quer durch die Kirche hindurch! Der flieht durch die Türe hinaus, rennt, was er kann über einen tief eingeschneiten Sturzacker.

Die Beine immer schwerer... wie in einem Alptraum. – Die Weiber entfesselt hinter ihm her.

Sicherlich hat er gebetet. Er erreicht den Hof. Rein, Tür zu, Riegel vor.

Draussen fahren die Teufelsweiber ums Haus. Aber umsonst. Die Räume sind gesegnet.

Johannes war mit Gottes Hilfe ihrer Rache entgangen.

Drei sagenhafte Rundgänge durch München – und die Kultführung durchs Mühltal

Luisenstraße
Arcisstraße
Königsplatz
Barer Straße
Gabelsbergerstraße
Altstadtring
Karolinen-
platz
Meiserstraße
Max-Jos.-Str.
Brienner Straße
O.-v.-Miller-Ring
Witt.-
Platz
Brienner Straße
Karlstraße
Ottostr.
Sophienstraße
Alter Botanischer Garten
Maximiliansplatz
Dreifaltig-
keitskirche
Lenbachpl.
Pacellistr.
Promenadeplatz
Kardinal-Faulhaber-Str.
Theatinerstraße
Elisenstraße
Karlsplatz
(Stachus)
Maffeistr.
Neuhauser
Tor
St.
Michael
Frauen-
kirche
Frauenplatz
Neuhauser Straße
Weinstraße
Altstadtring
Schöner
Turm
Kaufingerstraße
Herzogspitalstraße
Damenstiftstraße
Marien-
platz
Hackenstraße
Brunnstraße
Alter
Peter
Rindermarkt
Asamkirche
Sendlinger Straße
Sonnenstraße
Mathildenstraße
St.-Jakobs-
Platz
Seb.pl.
Altstadtring
Sendlinger-Tor-
Platz
Anger
Roßmarkt
Unt.
Altstadtring

Drei magische Rundgänge durch das Geheimnis Münchens

Marienplatz – Frauenkirche – Residenz

Marienplatz – Alter Peter – Schöner Turm – Neuhauser Tor – Dreifaltigkeitskirche

Marienplatz – Asamkirche – Michaelskirche

Drei magische Rundgänge durch das Geheimnis München

Lieber bewegter Leser! Du hast Dich nun durch die Sagenwelt Münchens bemüht, hast Winkel der Stadt, Mauern, Türme, Ecken, Tore und Brunnen erspürt – und gleich-zeitig hat sich aber auch Dein Leben verändert!

Seite um Seite.

Das geht gar nicht anders. Denn die Sagen, wie sie hier ausgewählt sind, be-deuten eine besonders intensive Verbildlichung – wirkmächtige Imagination also –, sind das bildhafte Auferstehen von inneren Seelenbildern. Deshalb auch die Anrede „bewegter Leser“: Bewegung im Geiste. Geistes-Schritte, dies wissen alle, die eine Pilgerreise unternommen haben, gehen gar oft mit der körperlichen Bewegung einher.

Der Sagen-Weg ist zugleich stets ein Pilgerweg. Und Pilgerwege sind immer von Sagen begleitet. Denke nur an die unergründliche Muschel-Sage des Heiligen Jakobus vom Jakobsweg!

Drei bekannte Sagenwege kennt das Abendland. Dies sind: Der Weg nach Rom, jener nach Jerusalem, schließlich der in Mode gekommene Pfad nach Santiago de Compostela ... warum also nicht auch der nach München!

Und dort dann von Sage zu Sage!

Denn alle Pilgerwege der Welt führen von Kraftort zu Kraftort: pilgere also munter mit, mitten in Münchens Altstadt!

Alle Sagen im vorliegenden Band, sie spiegeln Dich selbst. Auch wenn dies zunächst überraschen mag. Überspitzt ausgedrückt, aber wahr: Die Sage, das bist Du.

Besonders deutlich wird dies bei der Sage vom „Spiegelbrunnen“. *(Bitte nachlesen ab Seite 190).* Und hier am Marienplatz, wo dieser Brunnen nicht weit weg war und energetisch immer noch nachwirkt, genau hier bei der Mariensäule – oder besser: der Drachensäule –, soll ein jeder der drei magischen Rundgänge beginnen.

Lies nach im Buch: Der Basilisk hat den bösen Blick. Erst der Spiegel rettet die Stadt – und lässt das Böse sich selbst sehen und untergehen. Etwas wuchtig und brutal, zugegeben. Aber eben eine Sage, eine Wahrheit. Nur der, der hinschauen will, der sich so sehen will und kann, wie er ist, der bewirkt die innere Reinigung. Keine Angst, der selbsterkennende Leser wird nicht sterben wie jener sagenhafte Basilisk, der Drache. Aber es stirbt das, was einen innerlich behindert, das, was lähmt und oft ein Leben lang die spirituelle Entwicklung stört. So kann Neues beginnen. Beginnen?

Beginnen wir hier mit der magischen Sagen-Rund-Tour:

Erster Sagen-Rundweg: Marienplatz – Frauenkirche – Residenz

Marienplatz und Drachen-Dreieck! Erst die intensive Beschäftigung mit Magischen Orten und der positiven, erdigen, durch und durch weiblichen und bewahrenden Kraft des Drachens hat mich auf das „Geheimnis Marienplatz“ gebracht. Du solltest bei Deiner magischen Sagen-Tour das vorliegende Buch stets dabeihaben und die hinweisenden Sagen-Geschichten nochmals kurz überfliegen (auch Drachen sind Überflieger):

Wurmeck: Über dem Eingang zum Sporthaus an der Ecke Weinstraße windet sich der Drache in die Höhe. Schrecken-erregend, gefährlich, böse. Die Pest! Wir wissen aber: der Drache ist zugleich die Erdenergie, das Bewahrende, das Aufnehmende, Weibliche. Wir stehen hier mitten auf einer ausgewiesenen Drachenlinie. Genieße dies. *(Siehe auch „Das Wurmeck“, ab Seite 97).*

Dann die Mariensäule, die, bei näherem Hingehen und Hinschauen, genauso gut „Drachensäule“ heißen könnte. Finde die Drachen an den vier Ecken! – Einer ist der Basilisk vom „Spiegelbrunnen“.

Schlage folgende Sagen im Buch nach, wenn du auf dem Marienplatz stehst:

- Die stille Beterin an der Mariensäule *(Seite 71)*
- Das Wurmeck *(Seite 97)*
- Die Tauben im Rathausturm *(Seite 158)*
- Der Spiegelbrunnen *(Seite 190)*

Den Basilisken, den unheimlichen Drachen-Wolpertinger, Mischwesen zwischen Wurm und Hahn, findest Du als nordwestlichen Drachen der vier Urviecher der Mariensäule. Drache, Schlange, Löwe, Basilisk.

Schau nur genau hin. Rechts von der Stelle, an der der Papst stand ...

Von der Mariensäule und dem Münchner Rathaus geht die Sagen-Tour zur Frauenkirche. Hier ist immer der Teufel selbst mit im Spiel, schon an der Außenfassade sind die wilden Winde des höllischen Bauhelfers zu spüren!

Wir imaginieren den früheren Friedhof und dessen Schauergeschichten und suchen im Buch folgende Sagen ...

- Der Schlafhaubenkramer *(Seite 16)*
- Das Bild mit den gesenkten Händen *(Seite 64)*
- Der Teufelstritt ! *(Seite 176)*
- Der Wind um die Frauenkirche *Seite 181)*
- Der Balken in der Frauenkirche *(Seite 182)*
- Die Sage von der Gründung des Münchner Domes *(Seite 184)*
- Das Hungerbrünndl am Dom *(Seite 193)*

Auf jeden Fall sollst Du am Portalbereich der Frauenkirche außen den Wind genießen und innen den Teufelstritt aufsuchen. Ich staune bei Führungen immer wieder, wie begeistert die Teilnehmer von der Lage, der Position und der gewaltigen Ortsenergie dieses „Tritts" sind; wie begeistert aber auch angesichts des optischen Tricks mit den Fenstern und der schier unglaublichen Kraft und Magie der Teufelstritt-Stelle.

Vom erhabenen Frauenplatz – dem wuchtigen, verwunschenen Areal vor dem Portal zwischen der Doppelturmfassade –, begib Dich, am besten über die Theatinerstraße – dabei die sagen-hafte „Kauflust-Energie" der „Fünf Höfe" kostend – zur Residenz.

Atme die energetisch hochtransformierte Münchner Luft des Odeonsplatzes, die raumklingende Abstrahlung von Feldherrnhalle und Theatinerkirche. Dann wandle, zwischen den Residenz-Wappenlöwen mit den Reibe-

Nasen, ins Innere der Residenz und denke an die dunklen Sagen um Macht, Macht, Macht.

Was symbolisiert der schwarze Hund, der das viele Gold im Inneren der Residenz fressen muss? Finde dann den Stein von Herzog Christoph (er liegt im Durchgang zum Brunnenhof). Auch dieser Stein ist schwarz und schwer, und nur der Auserwählte kann ihn heben. Warum?

Lies nachdenklich folgende Texte nach:
- In der Residenz geht etwas Schwarzes um! *(Seite 48)*
- Herzog Christophs Stein in der Residenz *(Seite 111)*

Zweiter Sagen-Rundweg: Marienplatz – Alter Peter – Schöner Turm – Neuhauser Tor – Dreifaltigkeitskirche

Über den Marienplatz mit der Drachenenergie weißt Du nun schon eine Menge und siehst ihn ganz anders. Lies nach bei der Führung Nummer eins. Der Marienplatz ist indes ein idealer Ausgangspunkt, energetisch sowieso, aber eben auch praktisch: Kannst Du doch mit Deinen Mitpilgern durch das sagenhafte München präzise ausmachen:

„Treff zehn Uhr auf dem Marienplatz, genau an der Mariensäule ..!“ – Dann weiß ein jeder gleich unmissverständlich, wo er hin muss.

Nachdem wir uns mit der Erdkraft des Platzes aufgeladen haben, geht's durch das Tor im Turm des Alten Rathauses (Sage oder Mär von den „Tauben im Rathausturm“, *Seite 158*) weiter zum „Alten Peter“, zur Peterskirche also:

München pur. Energie des Petersbergls und jenes so besonderen Areals, an dem München seine ersten Anfänge nahm. Durch hierher geflohene Benediktinermönche, die aus der Gegend von Schäftlarn kamen und sich da, wo die Lebenskraft bis heute wabert, verborgen halten mussten. Schon haben wir ihn: den legendären Mönch im Wappen, das „Münchner Kindl" eben. Lies dazu:

- Der Teufel, der Blitz und der Petersturm! *(Seite 40)*
- Der Türmer und der Komet *(Seite 105)*
- Der Mönch im Wappen oder: wie der Name München entstand *(Seite 82)*

Allein der sagenhafte Inhalt der wild entfesselten Energien-Erzählung verrät, dass hier genau auf dem Areal des Petersbergls ein so genannter „abladender" Platz sein muss; – eine Stelle, die mit gewaltiger Kraft Energien nach unten zieht. Eine alte Donar-Stelle übrigens! Faszinierend, aber auch gefährlich! Und die Geschichte vom Komet beweist, dass der Alte Peter sogar mit den Kräften und Zeichen des Kosmos in Verbindung steht.

Dann, nach einer Umrundung der Peterskirche mit dem neuen Wissen, kehrst Du zurück zum Marienplatz, immer auf der so genannten Energielinie bleibend; oder auch „Flusslinie" genannt. Du suchst und findest „Onuphrius", schlägst nach:

– Onuphrius, der Riese vom Marienplatz, den keiner sieht, weil er so sichtbar ist! *(Seite 239)*

... und begibst Dich durch die Kaufinger Straße zum Schönen Turm. Beim Schönen Turm (der nicht da ist und doch unglaublich präsent!) heißt es, schön genau hinschauen!

Das Sichtbare ist unsichtbar! Ein Leitmotiv dieses Sagenbuches übrigens.

Immer wieder staune ich, wenn ich eine von mir geführte Gruppe frage: „Na? Wo stand der Schöne Turm? Hm? Hier sind überdeutliche Zeichen ...";

„Wo denn ...?“ fragen alle.

„Ihr steht genau auf dem Grundriss, der deutlich sichtbar hier in die Fußgängerzone eingepflastert ist!“, erkläre ich, „und hier, am Kaufhaus Hirmer, genau beim Eingang, das Halbrelief, das den historischen Turm zeigt!“

„Tatsächlich ..!“ kommt es dann aus der staunenden Gruppe.

„Oder dort links auf halber Höhe des Hirmer-Haus-Ekks, da steht der gepeinigte Türmer lebensgroß, und der Turm lastet schwer auf seinen Schultern!“

„Ui, wirklich“, flöten alle wie im Chor, „... hamma no nia g'seng!“

Diese zweite Rundtour ist genau genommen zunächst eine Längs-Tour, die Dich sehr bewusst auf der Flusslinie, dem Drachenpfad hält, einem gewaltigen Münchner Energie-Transfer, wie er sich zwischen Karlstor und Isartor in west-östlicher Richtung hinzieht. Geh also weiter, am Brunnenbuberl vorbei, zum Karlstor, Neuhauser Tor (Stachus-Tor klingt wohl am vertrautesten). Hier muss vor langer Zeit ein keltisches Heiligtum bestanden haben, wie die Sage verrät. Lies einfach nach:

– Der dreigesichtige Götze am Neuhauser Tor *(Seite 133)*

Für Fortgeschrittene Magische-Orte-Experten und Kraftortfreunde: Hier scheint die Urenergie der „Dreifachen Weiblichen Gottheit“ in Bayern auf, die Macht der „Drei Beten“ *(Seite 218)*. Deshalb solltest Du nach dem München-Sagen-Trip die Mühltal-Führung bei Leutstetten (sicherlich die wichtigste, stellvertretend für „Sagen in München und Umgebung“), nicht versäumen *(siehe hierzu Seite 274)*. Denn dies alles hängt untrennbar mit der Drachenkraft der Würmeiszeit (Wurm = Drache) zusammen und mit – eben dem „Dreigesichtigen Götzen!“

Drei!

Das ist der energetisch-symbolische „Übergang“ zur Dreifaltigkeitskirche.

Vom Stachus und dem Neuhauser Tor einfach in nordöstlicher Richtung die Sonnenstraße ein kleines Stück Richtung Lenbachplatz, denn rechts in die Pacellistraße Richtung Promenadeplatz.

Die Dreifaltigkeitskirche mit dem immerzu dreifach wiederkehrenden Urmotiv der „Drei“ sollte sehr bewusst mit der Seele aufgenommen werden, mystisch eben wie auch der Inhalt der Sage ist:

- Die Gründung der Dreifaltigkeitskirche und die „fromme Seherin“ *(Seite 77)*

Dritter Sagen-Rundweg: Marienplatz – Asamkirche – Michaelskirche – Spuk am Isartor!

Und wieder der Marienplatz als „Treff“! Es kann nicht oft genug gesagt werden, wie wichtig diese urweibliche Energie (der Erde) für Kraftorte und damit das Entstehen und Wirken von Sagen ist. Lass dich diesmal von hier aus genau in südwestlicher Richtung ziehen, die Sendlinger Straße entlang, zur Asamkirche hin. Betrachte die Donaufelsen an deren Portal, tritt ein und lasse die Sage in Dir hochkommen:

- Die Braut, die Monstranz der Asamkirche und der Tod *(Seite 69)*

Eine sagenhafte Liebe, hingabevolle Treue. Lerne daraus: bleib Dir selber treu! Nun weiter zur energetischen Hochburg im Herzen Münchens, der Michaelskirche.

Vielleich über die Damenstiftstraße und das Altheimer Eck, kurz die Damenstiftkirche besichtigend? – Oder einfach zurück über Sendlinger Straße, Marienplatz, Kaufingerstraße Richtung Stachus.

Schon der Platz vor der Michaelskirche nimmt jeden Vorbeikommenden gefangen. Diese Sinne und Seele aufwühlende „Höllensturz-Szene"!

Heiliges Erschrecken.

Vor und in der Michaelskirche ließe sich ein ganzer Tag verbringen – und erzählen: Michael pfählt den Drachen – die Erdkraft also – und die Spitze des Speeres zeigt genau „den Punkt". Probieren sie es aus.

Bitte nachlesen:

- Fürstengruft in der Michaelskirche: Ein fehlender Ludwig II. – und ein gewaltiger Raum Zeit-Tunnel! *(Seite 236)*
- Der verborgene Schatz in der Michaelskirche existiert im Kopf als geistiges Gut *(Seite 51)*

Die Fürstengruft mit „dem Grab" und der ewigen Frage „Ist er drin?" sollst Du auf keinen Fall versäumen. Hier dräut das letzte Geheimnis um den Märchenkönig. Alles längst zur Sage geronnen.

Derart der Drachenenergie und der Kraft von Drachenlinien kundig, geht es nun auf Altmünchens Hauptflusslinie – dem Drachenpfad eben – zurück in nordöstlicher Richtung, wieder über den Marienplatz, dann durch das Tal – zum magischen Isartor.

Erkenne die Kuriosität. Eine Durchfluss-Schleuse, die auf einer Insel steht. Der Verkehr fließt, aber längst nicht mehr durch das Durchlass-Tor, sondern isoliert außenrum! Und es spukt auf dieser isolierten Insel der Seelen. Lies nach:

- Der Spuk am Isartor *(Seite 123)*
- Der ewige Jude von Haidhausen *(Seite 138)* ... der, einer alten Sage nach, im Jahre 1721 am Isartor aufgetaucht sein soll.

Und nun: Hingehen, anschauen, erkennen! Die angebotenen drei Rundgänge lassen sich alle ideal kombinieren. Du wirst dann auch einen inneren Zusammenhang feststellen. – Ergänze, wenn du Zeit findest, das Innenstadt-Erlebnis durch die Mühltal-Führung!

Schlußgedanke

Lies nach beim Alten Peter, beim Petersbergl, bei der Drachenkraft des Marienplatzes oder der „Dreifachen Gottheit“ (Neuhauser Tor, Drei-Faltigkeits-Kirche):

München hängt mit kosmischen Urenergien zusammen. Sagenhaft pathetisch gesagt: München ist ein breiter, runder, isardurchschnittener, kosmischer Einstrahlungsfleck.

Die Kräfte, wie sie in München walten, sind gewaltig, schaurig-schön, polarisierend, bewegend, alles andere als gemütlich. Sie sind transformierend und hochspirituell. „Bei den Mönchen“ eben.

München ist Macht!

Die Mühltal-Führung

Treff ist immer (zu den auf meiner Homepage www.magische-kraftorte.de genannten Terminen) samstags um 10 Uhr am Parkplatz Forsthaus Mühltal direkt an der Würmbrücke. Die vier großen Feste des Jahreskreis-Keltenkreuz-Rades werden besonders berücksichtigt.

– 1 –

Zuerst geht es über die Würmbrücke zum legendären Drei-Beten-Brunnen (einem faszinierenden dreifachen Hexenquell), dessen wunderwirkendes Wasser für Kenner längst kein Geheimtipp mehr ist. Allein der kultische Schmuck an dieser Stelle des Lebens lässt die Herzen der Kraftort-Gänger höher schlagen! Eine anerkannte Stätte des Heils und der Heilung.

– 2 –

Zu Fuß führt die Kelten-Erlebnis-Tour weiter „aufwärts" zur keltischen Nekropole, einem der faszinierendsten Hügelgrab-Felder ganz Europas. Die Kraft der Ahnen ist spürbar wie nie und die Pilgerfahrt in die eigene kultische und spirituelle Vergangenheit findet beim legendären „Grab der Seherin" einen vorläufigen Höhepunkt. Mit großer Sicherheit handelt es sich bei der „Seherin" um die Bete Wilpet (Wheel-Pet, nämlich die mit dem Rad). Denn die Seherin hielt bis zu ihrer Entdeckung durch Julius Naue ein Radkreuz unter der rechten Hand.

Die „Drei Beten" entsprechen der keltischen „Dreifachen Göttin". In München treten sie auf beim Nornenbrunnen und der Sage vom „Dreigesichtigen Götzen am Neuhauser Tor".

– 3 –

Krönender Abschluss: Der Karlsberg mit den sagenumwobenen Resten der Karlsburg, dem geheimen Steinkreis-Kultplatz in einem Rundtempel der Natur und – wie immer bei dieser Kult-Führung: spürbar wird die unsichtbare Anwesenheit der drei Beten, der „Drei Jungfrauen von Leutstetten“ die der mystischen Sage nach im Berge unter uns auf Erlösung warten.

Drei Stunden vergehen in diesem Raum-Zeiten-Tunnel wie im Flug! (… im Hexenflug …?)

Finde Deinen „persönlichen Tag“ im immerwährenden keltischen Jahreskalender, im Rad des Lebens!

Literaturverzeichnis

Abenthum, Karl: Der Münchener Liebfrauendom, München 1960

Anselm, Martin: Über die ehemaligen Richtstätten der in München zur Todesstrafe Verurtheilten, München 1871

Aurbacher, Ludwig: Ein Volksbüchlein, Erster Theil, München 1827

Bauer, Richard und Gerhard (Hrsg.): Pasing, Stadt vor der Stadt. Die Entwicklung von 1800 bis 1938, München 1984

Baumgartner, Anton: Der Faschings-Mondtag an welchem die Metzger zu München in den Brunnen springen, München 1826

Baumgartner, Anton: Der Schäffler-Tanz in München, München 1830

Baumgartner, Anton: Münchner Polizey-Uebersicht vom Jahre 1805

Bayerland, Das: Jg.1893-94; 1895; 1906; 1914; 1926

Bosl, Karl: München, Bürgerstadt – Residenz – heimliche Hauptstadt Deutschlands, Stuttgart und Aalen 1971

Brückl, Josef (Hrsg): Grünwald – Chronik eines Dorfes an der Isar, Grünwald 1987

Bunsen, Kristin und Kapfhammer, Günther (Hrsg.): Altmünchner Stadtsagen, München 1974

Destouches, Ernst von: Jahrbuch der Stadt München von 1864, München 1864 – Stadt-Archiv, Chronik 26

Destouches, Ulrich von: Jahrbuch der Stadt München von 1818, München 1818 – Stadt-Archiv, Chronik I

Escherich, Emilie: Altmünchener Erinnerungen, München 1936

Fenzl, Fritz: Magische Orte in Bayern, Rosenheim 2000

Fenzl, Fritz: Wunder in Bayern, München 1997

Fenzl, Fritz: Das magische München, München 2007

Forster, Josef Martin: Das gottselige München..., München 1895

Gmelin, L.: Die St. Michaelskirche in München und ihr Kirchenschatz, Bamberg 1890

Geiss, E.: Geschichte der Pfarrkirche St. Peter in München, München 1868

Hartig, O.: Wie heißt der Baumeister der Münchner Frauenkirche? in: Die Heimat, Beilage zu den Münchner Neuesten Nachrichten 1932

Hartig, O.: Jörg von Halsbach, genannt Ganghofer, in: Das Bayerland Jg.44, München 1933

Historisches Schatzkästlein für Bayern, Bd. I, München 1832

Hofmiller, Josef: Altbayerische Sagen, Altötting 1947

Hollweck, Ludwig: München – Liebling der Musen, Wien und Hamburg 1971

Horn, Heinrich und Karl, Willibald (Hrsg): Neuhausen, München 1989

Kronegg, Ferdinand: Illustrirte Geschichte der Stadt München, München 1903

Lebschee, C.A.: Histor. Notiz v. München, betr. d. Haupt Stadtpfarrkirche zu U. L. Frau, Ms.1861 – Stadt-Archiv, München

Lieb, Norbert und Sauermost, Heinz-Jürgen: Münchens Kirchen, München 1973

Mathäser, Willibald: Andechser Chronik, München 1979

Mayer, Anton: Die Domkirche zu U. L. Frau in München, München 1886

Meyer, Joseph (Hrsg): Was das Münchner Kindl erzählt, München 1922

Morenz, Ludwig: Das Münchner Stadtsiegel und Stadtwappen, Geschichte und Gestalt, in: Oberbayerisches Archiv 90,1968

Panzer, Friedrich: Bayerische Sagen und Bräuche, Bd. I, München 1848

Pasing, 1200 Jahre (hrsg. von der Landeshauptstadt München), Mürchen 1963

Raff, Helene: So lang der Alte Peter, München 1923 und 1950

Regnet, C.A.: München in guter Alter Zeit, München 1879

Rohrer, Max: Alt-Münchner Geschichten, München 1949

Solleder, Franz: München im Mittelalter, München und Berlin 1938

Sponholz, Hans: Die schönsten Sagen aus dem Münchner Osten, München 1972

Steinberger, Dr. Alfons: Bayerischer Sagenkranz, München 1886

Schacherl, Lilian und Biller, Josef H.: München (= Prestel-Städteführer), München 1989

Schattenhofer, Michael: Das Alte Rathaus in München, München 1972

Schinzel-Penth, Gisela: Sagen und Legenden um das Fünfseenland, Frieding 1977

Schinzel-Penth, Gisela: Sagen und Legenden von München, Frieding 1979

Schleich, Erwin: Der alte Rathausturm, in: Münchner Stadtanzeiger 3. April 1970

Schöppner, Anton: Sagenbuch der Bayerischen Lande, Bd.1-3, München 1874

Trautmann, Franz: Münchner Stadt-Büchlein, München 1897

Westenrieder, Lorenz von: Beschreibung der Haupt und Residenzstadt München, München 1782

Bildnachweis

Bayerisches Hauptstaatsarchiv, München, Kaiserselekt 498: S. 80

Bildarchiv Bruckmann, München: S. 44, 49, 53, 73, 84, 117, 124, 127, 160, 169

Hellmuth Faust, Grünwald: S. 29

Landeshauptstadt München, Stadtarchiv: S. 148, 152, 208, 217

Zeichnungen von Toni Schönecker, entnommen aus „Alt-Münchner Geschichten" von Max Rohrer, erschienen im BERGVERLAG RUDOLF ROTHER, München: S. 13, 98, 112

Alle übrigen Vorlagen entstammen der Monacensia-Sammlung, München